Emancipation(s)

Ernesto Laclau

Left 10

左翼前沿思想译丛10

解放

[英]欧内斯托·拉克劳-著 白虎-译

南京大学出版社

Emancipation(s)
by Ernesto Laclau
First published by Verso 1996
Copyright © Ernesto Laclau 1996
Simplified Chinese edition copyright © 2022 Shanghai Sanhui Culture and Press Ltd.
Published by Nanjing University Press

版权登记号：图字10-2021-607 号

图书在版编目（CIP）数据

解放 / (英) 欧内斯托・拉克劳 (Ernesto Laclau)著；白虎译. --
南京：南京大学出版社, 2022.9
（左翼前沿思想译丛）
书名原文: Emancipation(s)
ISBN 978-7-305-25077-4

Ⅰ. ①解… Ⅱ. ①欧… ②白… Ⅲ. ①政治思想－研究－英国
Ⅳ. ①D095.615

中国版本图书馆CIP数据核字(2019)第257111号

出版发行 南京大学出版社
社　　址 南京市汉口路22号　　邮　编 210093
出 版 人 金鑫荣

丛 书 名 左翼前沿思想译丛
书　　名 解　放
著　　者 ［英］欧内斯托・拉克劳
译　　者 白　虎
策 划 人 严搏非
责任编辑 谭　天
特约编辑 谢小谢

印　　刷 山东临沂新华印刷物流集团有限责任公司
开　　本 880×1240 1/32　印张 6.625　字数 129千
版　　次 2022年9月第1版　2022年9月第1次印刷
ISBN 978-7-305-25077-4
定　　价 45.00元

网　　址 http://www.njupco.com
官方微博 http://weibo.com/njupco
官方微信 njupress
销售热线 （025）83594756

目录

总序

吴冠军、蓝江

一

奉献在读者面前的，是我们经过漫长筹备的一套丛书：《左翼前沿思想译丛》。在汉语学界，“左翼（派）”这个说法长久以来陷于深度混淆：我们触目可见诸种“老左派”“新左派”“极左思潮”标签，但归在这些标签下的种种论述真的可以代表“左翼”吗？

什么是“左翼”？在我们看来，“左翼”有两个定义性的特征。一是态度性的，即对当下既有现状（status quo）持一个批判性的态度。这个“态度”（attitude），亦即福柯所说的“启蒙的态度”：“可以连接我们与启蒙的绳索不是忠实于某些教条，而是一种态度的永恒的复活——这种态度是一种哲学的气质，它可以被描述为对我们历史时代的一个永恒的批判。”以此态度观之，今天汉语学界的许多“左翼”其实是名不副实的。

与此同时，“左翼”还有一个更实质性的特征：它不仅是一种“态度”，而且是一种“诉求”。这个实质性内核，就是争取更充分的平等。“左翼”的政治思想或话语，无论再怎么呈现出五光十色的多元性，其最根本层面上的底色不会更改——追求一个更为平等主义的社会

(egalitarian society)。这就是“左翼”的两个定义性特征：批判性的态度与平等性的诉求。通过策划这套丛书，我们旨在在汉语学界重新厘清“左翼”思想的根本轮廓，并带领读者进入左翼思想的最前沿地带。

以此为旨归，这套丛书将系统性地向汉语学界引入关于当代左翼思想的最前沿成果。自 20 世纪 90 年代开始，欧陆思想界的政治哲学研究出现了新的状况与新的气象：在政治上，90 年代初福山提出的“历史终结论”，宣告了全球资本主义秩序的到来；而在哲学上，“后结构主义”将西方欧陆思想的发展推到了它自身发展的一个逻辑极致，标识了“哲学的终结”。而恰恰是在这个双重“终结”的状况下，自 90 年代后期开始，一批卓越的欧陆思想家开始走到国际学术舞台之一线前台，其中具有超凡影响力的就有齐泽克、巴迪欧、奈格里 (及其合作者哈特)、阿甘本、拉克劳 (及其合作者墨菲)、朗西埃、巴里巴、瓦蒂莫等。这些思想家在过去近二十年间的著述，已然开辟出欧陆思想的全新气象，打开了“后结构主义之后”的 (诸种) 新的开端。

二

如何在欧陆思想史脉络中定位这批新一代欧陆左翼领军人物？

让我们先回到 20 世纪七八十年代。前面已提到，当时，一股后来被概述为“后结构主义”的思想运动，将欧陆思想的发展推向了它自身发展的一个逻辑极致。为什么这样说？

古希腊的古典形而上学以“理性”(logos) 应治多神时代的“神话”(mythos)，以“自然”(physis) 作为人类共同体的基石。随后基督教神学以“上帝”代替“自然”，作为人的世界最终的根基与根据。欧陆思想史上“哥白尼式革命”的启蒙，则瓦解了“上帝”的权威，重新以人的理性作为共同体之维系力量。继之而起的三轮思想浪潮——历史主义、存在主义、阐释学——完成了从启蒙的普遍主义到后启蒙之视角主义（时代精神、个体意志、视域）的转换。随后兴起的结构主义，则借助语言学与精神分析而彻底瓦解“主体”之范畴（“主体”被构建论）。最后，在后结构主义思想家们这里，“历史化”与“结构化”相结合，“解构主义”“反本质主义”“无基础主义”“新实用主义”，皆指向了欧陆思想自身的逻辑终点——不再有任何形而上学的力量或范畴，可以构成人类共同体的终极支撑。对欧陆思想史深有洞见的利奥·施特劳斯在 20 世纪 50 年代便宣布：除了“回归”——回归古典形而上学或神学(“雅典或耶路撒冷”)——外，别无新的思想突破口。[1]

然而，我们已经能在近二十年欧陆政治哲学家的著作中，捕捉到一股新的思想脉动。自 20 世纪 90 年代以降，齐泽克与阿甘本这两位出生于 40 年代的思想家，与比他们略长半辈的奈格里、拉克劳、巴迪欧等人（皆出生于 30 年代）一起，围绕“the Political”（政治）形成了一个充满活力的欧陆思想前沿地带—— 一个新兴的“激进左翼”思想阵营。

但我们仍然要面对的重要问题是：是什么使得这股“激进左翼”政治哲学在过去十几年内迅猛崛起？这些学者同前代左翼学者（后结构主义者）的根本学理分歧在哪里？他们是否真正打开了全新的思想格局？

三

在我们看来：这一代欧陆思想家的崛起，始于他们不满于后结

1 进一步阐述请参见吴冠军：《现时代的群学：从精神分析到政治哲学》，中国法制出版社，2011 年，第 3—152 页。

构主义者在“政治主体”问题上的立场——“消解主体”后，拥抱微观政治、“私密的反抗”（intimate revolt）、拟像游戏、小叙事与歧见的繁荣、多元主义的族群认同，等等。在这些当代激进思想家看来，后结构主义的政治方案在今天已经彻底丧失反抗性，因为它们已经被整合到全球资本主义秩序之中：微观政治、“私密的反抗”、拟像游戏、小叙事繁荣、小共同体认同、开放的多元主义宽容等，都能在被齐泽克称作“后现代数字资本主义”的全球秩序中得到实现。而后结构主义的当代传人，如赛蒙·克里奇利、朱迪丝·巴特勒等，皆发出如下论调：现状永远会持续下去，我们无法击败整个资本主义系统，我们只能进行日常生活中的“私密的反抗”，进而，努力让各种被排斥、被边缘化的声音被听到……这种左翼姿态，在当代激进左翼学者眼中，正是把左翼事业引向一条绝路：从哈贝马斯到克里斯蒂瓦，前列左翼思想家们明里暗里皆纷纷放弃社会变革的目标（承认资本主义秩序会不断持续下去），放弃激进解放的理想（玩玩“私密的反抗”、搞搞小范围的游戏）……

是故，把理论进路并不一致的这批当代学者们联合成一个“激进左翼”思想阵营的，正是他们所分享的这样一种立场：对全球资本主义秩序的激进反抗。而在学理上，不论他们的正面主张为何，这批左翼学者旨在处理的一个核心问题，就是*政治的主体*问题：传统的工人阶级（working class）之后，什么能成为新的变革既有秩序的主体?

今天“激进左翼”阵营中的成名人物，都在政治主体这个问题上深有建树。若对他们进行细致的理论梳理的话，则可分出四个理论路向。有意思的是，前三个路向正好两两出场：第一对，就是因写作《帝国》三部曲而大名鼎鼎的哈特和奈格里；第二对，是在80年代就已成名的拉克劳和墨菲（他们的成名作《领导权与社会主义的策略》是左翼政治哲学的地震式作品）；第三对，就是齐泽克和巴迪欧（他们也有一本合著，即收入本丛书的《当下的哲学》）。而第四个路向，则是以阿甘本的《神圣人》（亦收入本丛书）三部曲为代表。这四个路向，实则构成了当代欧陆左翼思想之基本框架。

进一步沿着思想史的线索向上追溯，我们就能看到以上四个路向各自背后的理论资源：第一对背后站着的是马克思和德勒兹；第二对背后是马克思和葛兰西；第三对背后是马克思和拉康；第四对背后则是海德格尔与本雅明。进而我们想指出的是，这批激进左翼思想家给我们打开的思想视野不仅仅是“回到马克思”，他们更是向上追到了古典德国理念主义（齐泽克），追到了斯宾诺莎（奈格里），追到了古希腊的亚里士多德（阿甘本），追到了柏拉图（巴迪欧）。这就使得我们有必要进一步把激进左翼的政治哲学，放在一个更大的思想史背景下进行考察——对柏拉图到施特劳斯 / 巴迪欧、亚里士多德到阿伦特 / 麦金泰尔 / 阿甘本、霍布斯到施米特 / 阿甘本、斯宾诺莎到德勒兹 / 奈格里、康德到海德格尔 / 罗尔斯 / 拉克劳、黑格尔到科耶夫 / 泰勒 / 齐泽克等这些充满“歧路”的思想史线索，做出一个学理上的内在衡析。[1]

四

汉语学界对当代左翼前沿思想的研究，从 21 世纪初大陆和台湾地区开始陆续翻译他们的著述以来，已取得了一定的成绩：至少在今天，齐泽克、奈格里、阿甘本、巴迪欧等名字对于中国学者来说已经不再是陌生语词。

然而，其中很多著作之翻译质量，实在不如人意。究其缘由，我们认为问题出在汉语学界的研究者与翻译者们对当代左翼思想尚

1　以上分析的具体展开，请参见吴冠军：《第十一论纲：介入日常生活的学术》，商务印书馆，2015 年，第 3—19 页。

无系统的了解与学术认知。因缺乏实质性的学术储备，很多译者是在为翻译而翻译，乃至在粗劣地“硬译”。这便使得左翼思想在学界的面目更加晦暗不清，遑论对之进行学理上的深入梳理与衡析。正是鉴于这一局面，在三辉图书的鼎力支持下，我们投身筹划了这套大型丛书。

本译丛目前包含两部分：第一部分，我们选取了当代著名的左翼思想家，包括阿甘本、齐泽克、巴迪欧等人（还有一些他们老师辈的，比如加塔利）的代表性著作。我们希望通过翻译的方式——尽力做到优质的翻译——呈现出当代欧陆左翼的思想地貌。第二部分，我们选取分析欧陆左翼思想跟中国思想互动的研究，包括借助左翼理论视角来研究中国思想的著作，以展现左翼思想与中国语境的诸种相关性。

认真负责的学术翻译，在今天诚然是“高投入、低产出、低报酬、高风险”的高压且高危行业，于职业于健康皆无“益处”，只有“愚公”才会干。很感谢和我们一起投入这项事业的愚公学友们。我们谨希望通过自己的微薄努力，为汉语学界的左翼思想研究与学术讨论带来一些不同的景观。若能至此，纵疲累，心愿已足。

导读

作为幽灵的解放
——如何在今天重读拉克劳的《解放》

蓝江

2014 年 4 月 13 日，曾经的阿根廷裔英国政治思想家欧内斯托·拉克劳与世长辞。算到今天，已经匆匆过去了七载春秋，而这位激进左翼的思想家，后马克思主义的开创者，也是慧眼识得斯洛文尼亚籍思想家齐泽克的伯乐的远去，似乎仅仅发生在昨天。在 20 世纪八九十年代，面对新自由主义的崛起，面对逐渐走向多元文化主义的政治哲学，拉克劳提出了自己的激进民主和领导权的解放策略。在当时的英国，占据主导地位的是工党的第二条道路，他们力图与撒切尔政府的新自由主义政策合流，而传统的马克思主义似乎对这样的趋势无能为力。正是在这个背景下，拉克劳和尚塔尔·墨菲在 1985 年撰写了著名的《领导权与社会主义的策略》，他们试图回应 20 世纪末世界局势的巨大变化之下，左翼应该如何应对的问题。在此基础上，拉克劳陆陆续续撰写了一系列文章，这些文章先后被收录在《我们时代的新反思》(1990)、《解放》(1996)、《论民粹主义理性》(2005)以及《社会的修辞基础》(2014)等几本文集里。不过，相对于齐泽克、巴迪欧、朗西埃、巴里巴尔、阿甘本这些后来在激进左派政治舞台上大放异彩的思想家，拉克劳的名字似乎不再流行，甚至逐渐淡出人们的视野。即便他的搭档尚塔尔·墨菲仍然笔耕不辍，甚至2018年还出版了《写给左翼的民粹主义》，对当代世界中以特朗普为代表的右翼对民粹主义称呼的褫夺，以及传统自由主义对民粹主义的污名化进行了有力的分析，重新在拉克劳的"民粹主义理性"基础上提出了一种基于马克思主义和左翼的民粹主义的立场。不过，墨菲的这本小书并没有在巨大的黑天鹅浪潮中为西方社会中深陷泥淖的左翼找到一条真正抓住底层民众的线索，而是和其他的一些声音一样只停留在空洞口号——在越来越极端的分化和逆全球化潮流中，渐渐地被湮没。

那么，这是否意味着拉克劳和墨菲在20世纪八九十年代提出的激进民主和解放思想已经过时了呢？显然不是这样。实际上，今天的世界似乎成了新自由主义的最后的挽歌，美国的特朗普、法国的勒庞、英国的脱欧公投，这一个个民粹主义化的现象正在挤压着新自由主义的空间，而日益强烈的社会两极分化现象，不仅出现在第三世界国家，那些只能打着零工来补贴家用，因还不起贷款而被银行收走房子的人，那些在纽约和洛杉矶街头支着帐篷生活的人，那些生活在锈带面对日益恶化的治安的人，他们正在成为盖伊·斯坦丁(Guy Standing)笔下的流众(precariat)。斯坦丁发明的“流众”这个词，就是将不安定（precarious）和无产者（proletariat）合并起来而生造的一个新词，这个词与马克思主义意义上的无产阶级的不同之处在于，马克思主义的无产阶级还是有着相对稳定工作和收入的人，他们只是在生产的剩余劳动时间里被资本家剥夺了剩余价值。而盖伊·斯坦丁的流众显然指的是那些连被剥削的资格都没有的人，他们只能日复一日、年复一年地在各地流浪着，没有一个栖居之地供他们安身立命。在这个意义上，我们忽然发现，已经逝去的拉克劳离我们似乎并不遥远，他那些写于20世纪的著作，正好成为这个不安定时代的谶语。这是一个高度数字化、消费化的时代，而在这样的时代里，人们不再有新自由主义的民主派的雄心，能够跟资产者和统治阶层进行协商来谋求自己的正当的权益，来赢得正义。现在的局面是，新的无产者需要一种新的话语，来激活这个世界上的解放想象，让人们不再像爬虫一样在资本和数据控制横行的世界上踽踽而行，我们需要一种解放的新希望，或许为了寻找这种新希望，正是今天的左翼需要重读拉克劳的原因所在。

一、马克思的幽灵学与在场的政治学

在德里达的《马克思的幽灵》的第一章开头，他就故弄玄虚地将莎士比亚的《哈姆雷特》中的一段话作为开场白：

> 哈雷姆特：安息吧，安息吧，受难的灵魂！好，朋友们，我以满怀的热情，依赖着你们两位，要是在哈姆雷特的微弱的能力以内，能够有可以向你们表示他的友情之处，上帝在上，我一定不会有负你们。让我们一同进去；请你们记着无论在什么时候都要守口如瓶。这是一个颠倒混乱的时代，唉，倒霉的我却要负起重整乾坤的责任！来，我们一块去吧。[1]

从表面上看，德里达引述《哈姆雷特》中的这段台词是为了悼念当时刚刚被刺杀的南非黑人活动家、南非共产党总书记克里斯·哈尼（Chris Hani），让逝者的灵魂得到安息。但是，从后文来看，德里达的重点却是这段台词的最后一句话——“这是一个颠倒混乱的时代，唉，倒霉的我却要负起重整乾坤的责任”。而这句话中的关键词显然是“颠倒混乱的时代”，以及“负起重整乾坤的责任”。德里达所处的 20 世纪 90 年代，也正是新自由主义崛起的时代，在那个时代，1968 年的风暴已经逐渐淡去，人们开始忘却革命的激情和对解放的向往。更有一些传统的左翼思想家，如法国的“新哲学家”安德烈·格鲁克斯曼（André Glucksman），以及英国的安东尼·吉登斯（Anthony Giddens），甚至德国法兰克福学

1 ［法］雅克·德里达，《马克思的幽灵：债务国家、哀悼活动和新国际》，何一译，北京：中国人民大学出版社，2008 年，第 5 页。

派的大佬于尔根·哈贝马斯（Jürgen Habermas），都宣告了解放政治已经成为过去，今天我们面对的是一个生活世界。在这个意义上，生活世界的哲学取代了解放哲学。对此，德里达曾反讽地说道："有个人，您或者我，站起身说：'最终，我当然希望学会生活。'但为什么是最终？'学会生活'：多么奇特的警句。谁去学？向谁学？教会人怎样生活，但向谁教？我们会明白吗？我们会懂得怎样去生活吗？并且首先，'学会生活'究竟是什么意思？"[1] 在那个时期，生活的确成了最高的律令。因为历史走向终结，不再有社会的分裂和对抗，一切趋于沉寂，不再有你死我活的斗争，也不再有推翻政权的解放，那里只有生活，让无产者和中产阶级一样，安贫乐道地过着躺平的生活。也正是在这个意义上，德里达指出了新自由主义时代是一个"颠倒混乱的时代"，也正是在这个生活成为绝对律令的时代里，才需要左翼思想家重新站出来，"负起重整乾坤的责任"。而负起这个责任的不是一个具体的人，也不是一个团体，而是一个隐喻，一个在《共产党宣言》的开头出现的隐喻。那是一个幽灵，一个在欧洲徘徊的幽灵，而在20世纪的80到90年代，在西欧传统的马克思主义逐渐僵化的同时，德里达宣告，马克思正在以一种幽灵的方式，重新在生活世界的幻象中撕开一道裂缝，让人们重新看到资本主义世界的虚幻与丑恶，让人们对解放的希

1 [法]雅克·德里达，《马克思的幽灵：债务国家、哀悼活动和新国际》，何一译，北京：中国人民大学出版社，2008年，第1页。

望重新被点燃。

这个“责任”不仅是德里达的责任，也是拉克劳的责任。在他1995年撰写的《脱节的时代》(后收录于《解放》)中，他也有意识地引用了德里达在《马克思的幽灵》中使用过的隐喻。拉克劳说：“‘本体论’(即完全达到和解)是不可能实现的，从根本上说，时代就是‘脱节’的，幽灵是让所有在场成为可能的前提条件，政治也成了社会连接的基础构成。”[1]拉克劳这里强调的重点是，永远不可能在斗争的各方中达成彻底的和解，80到90年代的新自由主义下的和解的生活世界是一种虚幻的表象，而那个无法彻底沉寂的马克思的幽灵成为让这种表象撕裂，让真正的当下呈现出来的条件。那么，只要幽灵呈现出来，我们就不会再感觉到岁月静好，而是感受到一个“颠倒混乱”的脱节的时代，一个不能被资本主义的美好幻象所彻底消化的时代，也只有在那一刻，政治才能真正显现出来。拉克劳也在此给出了他对“政治”的定义：“我们可以从两个视角来看受到幽灵惊扰的在场。首先，马克思的幽灵是马克思自身，他自己就是共产主义的简称，今天他萦绕在我们周围，阻碍着高歌猛进的资本主义‘民主制’宣布他们获得了最终的胜利(这里主要指的是福山)。但还有另一个马克思的幽灵，它萦绕着马克思自己，不让马克思建立一个非幽灵的本体论。这样，我

1 Ernesto Laclau, *Emancipation(s)*, London: Verso, 2007, p.69.

得到一个根基——一个不能与自身等同的在场的根基——这就是幻影般的非本质的实践领域，我们称之为政治。”[1]

毫无疑问，拉克劳受德里达的影响很深。尽管早年他认为自己是在阿尔都塞主义下完成了对马克思主义的思考，后来他提出对他影响更大的是葛兰西，但实际上他只是从表面上采用了葛兰西的一系列概念（如市民社会、领导权等），但对他产生根深蒂固影响的是拉康（这一点显然与齐泽克有关）和德里达。如果我们分析一下上面那段话，不难发现，拉克劳并不是在本质主义基础上来理解马克思主义的，尽管他早期阅读了阿尔都塞的《保卫马克思》，并且积极吸收了阿尔都塞的一些重要概念，如多元决定（overdetermination）、不平衡性等，但是拉克劳对阿尔都塞的《读〈资本论〉》表达了不满，因为拉克劳认为《读〈资本论〉》封死了阿尔都塞主义中的创造性活力。与追求症候式解读不同，拉克劳更看重的是一种幽灵式的在场，一种不能被完全和解的本体论逻辑和生活世界彻底消化的幽灵成了他重新激活解放政治学的关键。

为什么是幽灵？在这里，拉克劳给出了德里达并没有解释的幽灵性（spectrality）的内涵。拉克劳说：“正如我们已经看到的，幽灵性预先设定了精神和肉体之间的有待判别的关系，这个关系反过来影响了这两极。在这个意义上，幽灵预设了一个弱化的化

1 Ernesto Laclau, *Emancipation(s)*, London: Verso, 2007, p.70.

身形式。”[1] 从某种意义上来说，拉克劳对幽灵性的解释类似于阿甘本所说的门槛（threshold），在阿甘本那里，门槛是用来区分内部和外部的界限，在门槛外的任何一点，我们都可以确定它究竟是在内部，还是在外部。但是这里有一个问题，在门槛上的点究竟是属于外部还是内部？这样，门槛成为内部和外部之间无法判定的区域。这个就是德里达对于幽灵性的判定。自从笛卡尔以来，心灵与外延、精神与身体是截然二分的两个领域，但是，幽灵的出现让这个二分出现了一个无法判定的地带，也就是说，在拉克劳这里，幽灵性代表着既非精神，也非身体的区域。幽灵并非纯然的内在世界，因为它萦绕着在场，并对之产生影响；它也不是身体，因为幽灵没有道成肉身，成为具体的对象或主体。

从这个意义上，一旦拉克劳将马克思主义放在幽灵学位置上，我们便可以理解他所谓的后马克思主义的意蕴了。例如，拉克劳认为，当时的马克思主义，一方面不是以绝对的先入为主的教条在世界上发挥作用。拉克劳喜欢用透明性（transparency）这个词，不过在他那里，透明性是一个具有负面含义的词，因为绝对先在的透明性意味着封锁了所有的可能性，在这个意义上，马克思主义作为一种解放政治学，绝对不是透明性。这样，对于当下左翼政治方案的解决，就绝对不能简单还原为历史上的任何既有的教

1 Ernesto Laclau, *Emancipation(s)*, London: Verso, 2007, p.71.

条和范畴，不能在面对现实状况的时候，简单谈论阶级、经济基础、上层建筑等概念，因为这些马克思主义的概念本身并不是透明性的概念。拉克劳指出："真正的解放的条件是一种基础的不透明性（opaqueness），没有任何基础可以彻底根除不透明性。"[1] 因此，马克思主义实际上并不是一开始就给定的概念，它需要在不同的时代状况下进行重新激活。那么，另一方面，在经历了同庇隆主义的斗争之后，作为理论家、政治活动家的拉克劳深刻地意识到，对马克思主义的最好的坚持，并不是恪守原理和教条，而是投身于具体的斗争之中，重新思考革命和政治的意义。拉克劳表示："当代的状况以远比马克思更为复杂的方式提出了这个问题，因此，在清楚地认识到马克思的问题的原本意义的同时把马克思的回应理解为一种不完全的、有局限性的综合是非常必要的。"[2] 这意味着，所谓的后马克思主义实际上是在当代的现实状况下对马克思的发展，而不是对马克思的原本思想的抛弃。马克思的具体文本是针对他所处时代的问题的回答，因此他不能完全面对拉克劳所面对的状况，而当下的马克思主义不是实然的化身式的存在，而是幽灵式的存在。马克思的幽灵学意味着一种在场的政治学，它需要更灵活地根据偶然性的状况，对特定的社会现实和政治状

1　Ernesto Laclau, *Emancipation(s)*, London: Verso, 2007, p.12.

2　［英］拉克劳，《政治与现代性的局限》，收录于周凡、李惠斌主编，《后马克思主义》，北京：中央编译出版社，2007 年，第 76 页。

况做出解析。当一些人指出拉克劳的后马克思主义摒弃了经典的“阶级”“经济基础”等概念时，却往往忘记了拉克劳本身的政治原则，因为政治永远是在场的，不可能服从于绝对透明性的逻辑，真正的政治，或者说在场的政治学始终是在不透明的地方，是从平整连贯的逻辑背后涌现出来的，它一旦涌现出来，表现为在场政治学，它就是那个时代的幽灵，一个永远不能被透明的生活世界和总体性理论消除的幽灵。

二、身份与虚空能指

那么，对于拉克劳来说，在20世纪八九十年代新自由主义崛起、传统左翼衰退的情况下，到底应该如何重新激活马克思主义的力量，重新在新自由主义和多元文化主义升平的生活世界的意识形态下发现解放的可能性呢？由于当时主要西方资本主义国家的去工业化浪潮，大部分工业被转移到了亚非拉的第三世界国家，从而在西方国家形成了一种幻象，即工人阶级的数量的减少以及他们的收入的增长，让他们不再构成为马克思在19世纪提出的“工人阶级”的形象。在《领导权与社会主义的策略》中，拉克劳和墨菲就十分清楚地指出了这一现象，“由于这两个关系（生产关系和生产中的关系）确实已经以不同的方式得到发展，使得把它们统一起来的‘工人阶级’这一共有的标签成了问题，尽管发达资本主义之中的工资形式已经普遍化了，工业无产阶级在数量上和重要性上却已经下降”[1]。拉克劳和墨菲的这段话成为其他人对他们二人“取消阶级”的指摘的根源。不过，在经历了阿根廷和英国实际工人斗争的拉克劳能够深刻体会到，传统的马克思主义和工人阶级政党在当时越来越无法组织起有效的斗争和抗议来对抗资本主义，他们感觉到问题正是出在革命主体上，那个被传统马克思主义寄予厚望的工人阶级已经逐渐不上街了，20 世纪六七十年代的风起云涌不可复现。那么，拉克劳感觉到，必须在实际斗争中发明新的革命主体，从而防止因为工人阶级数量下降和收入增多，逐渐步入消费主义的幻象而让马克思主义彻底退潮，但是压迫性的资本主义体制并未消失，它正以全新的方式攫取着全社会乃至全世界的财富。

所以，他必须将马克思主义的革命主体看成一种不确定、不透明、始终开放的主体，在这个意义上，拉克劳曾经十分明确地指出：“工人阶级——像所有其他成分一样——是一种社会作用力，但此一作用局限于它自己的目标及可能性之内，它并非是马克思主义传统中的‘普遍阶级’，并非是全世界解放的必然代理人。”[2]简单地解释一下，拉克劳的质疑是，工人阶级是在特定资本主义框架下被区分出来的特定身份，在一定意义上，工人阶级代表着

1 ［英］拉克劳、墨菲，《领导权与社会主义的策略》，尹树广、鉴传今译，哈尔滨：黑龙江人民出版社，2003 年，第 90 页。

2 ［英］拉克劳，《阶级“战争”及其之后》，收录于周凡、李惠斌主编，《后马克思主义》，北京：中央编译出版社，2007 年，第 67 页。

部分的有限的利益，这就是为什么工人阶级只能“局限于它自己的目标及可能性之内”的原因。但是，在《共产党宣言》中，无产阶级是一个普遍的阶级，当无产阶级成为资产阶级的掘墓人的时候，实现的绝非某个特定阶级或身份的利益，而是全人类的利益，即“普遍阶级”。那么，在具体的斗争中，这种基于特定身份的工人阶级概念如何能成为普遍解放的主体呢？逻辑很简单，在19世纪的产业资本主义阶段，产业工人阶级的确代表着被资本主义压迫和剥削的最苦难深重的身份，而这种身份自然成为马克思主义意义上的普遍主体，因为他们的解放代表着最苦难的人的解放，即全人类的解放。但是在20世纪八九十年代的情况完全不是这样，工人阶级不再是苦难深重的模样，在消费主义的滋养下，他们可以和资本家一起度假，一起消费，他们已经不具有马克思意义上的普遍阶级的可能性，他们自身的解放已经不再代表普遍人类的解放。所以，拉克劳认为，“无产阶级”的概念并不是一个封闭的概念，在面对不同的时代状况时，必须是不稳定和开放的，能够去吸纳不同的斗争和反抗的对象。

那么，拉克劳的问题变成了这样一个问题：作为身份的工人阶级，或者说身份概念是否是恒定的和透明的？身份是那个时期的政治学的关键词之一，在新自由主义话语的熏陶下，当时的政治主流是首先将个体划分成不同的身份，然后在这些身份之间进行协商和对话，达成政治的协议。从程序上来说，这一点无可厚非。但是，真正的问题在于，到底通过什么样的权力，将不同的有生命的个体划分成不同的身份。例如，在开某个政治学术会议的时候，一位女性学者开始发言，另外一些学者会提醒她，她的主要论点背后隐藏了一个女性主义视角和身份。在这种情况下，无论这个女性学者谈论何种话题，她的发言总会被其他学者将之与女性身份关联起来。那么，所有参与政治论争和对话的人，实际上都在进入争论的场域之前，就事先被划分成固定的身份：女性、黑人、拉丁裔、同性恋、残疾人等。不仅新自由主义会如此划分，就连当时英国的左派也会自觉地遵守这条路径来选择抵抗的方式。譬如，一次上街游行，很容易被主办方和左翼媒体解读为 LGBT 的活动，无论他们实际上的诉求是什么。就连当时英国重要的左翼代表人物斯图亚特·霍尔（Stuart Hall）也认为左翼的路径就是身份政治的路径，霍尔曾说过："这种身份的逻辑在政治性、理论性和概念性话语中都非常重要。我也对作为一种存在的现实的它感兴趣，因为我认为身份语言的逻辑对于我们自己的自我概念是非常重要的。它包含了真实自我的概念，一些内在的真实自我，隐藏在我们呈现给世界的所有虚假自我的外壳中。这是一种真实性的保证。只有当我们真正深入内心，倾听真我的心声时，我们才知道自己'真正在说什么'。"[1] 由此可见，英国左翼的斗争已经深陷身份政治的泥淖，他们误以为身份代表着自己的一切真实，一切活动的根

1 Stuart Hall, *Identity and Diaspora: Essential Essays, vol.2*. Durham: Duke University Press, 2019, p.64.

基。在那个名称和自己的生命之间存在着一个根本性的关联，而左翼的斗争就是为这种身份而斗争。

拉克劳显然不赞同这种逻辑，他从索绪尔的结构主义出发，对身份给出另外的解释。拉克劳指出，身份政治的弱点在于，他们将作为身份的能指和具体身体的所指之间构成的链接（articulation）看成稳定的意指关系。相反，索绪尔的结构主义语言学看重的并非能指和所指之间的对应关系，而是能指和能指之间的差异关系。譬如，当我自己和一位女性学者同时出现在某个会议上的时候，代表我的身份的是男性学者，而我参加学术会议时与一位白人学者一起发言，我代表的身份是亚裔，而我出现在一个工人面前时，我代表的是中产阶级的知识分子，如此等等。这里的逻辑是，决定我的身份的从来不是一个可以被概念所界定的本真性，而是在我与其他个体形成链接时的差异，在与不同的符号进行链接时，我呈现为不同的身份，我究竟是一个男性，或是一个亚裔，或是一个知识分子，这一点并不重要，重要的是我加入了链接之中形成了差异。在这个意义上，拉克劳指出："由于意指的总体恰好是一个差异系统，这就意味着它们双方都是同一个系统的一个部分，并且两个能指之间的界限绝不是系统的界限。"[1] 为了进一步解释身份的问题，拉克劳在这里使用了阿尔都塞的多元决

1 Ernesto Laclau, *Emancipation(s)*, London: Verso, 2007, p.37.

定（overdetermination）的概念。身份是什么？身份绝不是在我们的活动之前就预先存在的本真性（authenticity），而是我们身上各种要素的多元决定。例如，在法国进行的反对涨大学学费的斗争中，一位同学是黑人还是亚裔，是男性还是女性，抑或是跨性别者，在这场斗争中都不重要，他们在斗争时的共同身份就是反对学费上涨的低收入学生。这个共同身份并不会取消一位女生的生理上的特征，或者改变一位黑人的肤色，而是在面对一个真正的斗争议题时，这些曾经被认为重要的身份已经不再重要。所以拉克劳十分明确地指出："革命大众的身份是通过在整个历史时期内多个分离的斗争的多元决定而确立的。"[1]

那么，身份的神话被打破了，身份的话语被解构成不同的斗争要素，这是否意味着拉克劳走向了相对主义，认为我们只能在特殊的历史境遇中去面对不同的身份要素？显然，这并不是拉克劳和墨菲需要的答案，他尽管在许多论题上与后现代主义和后结构主义保持一致，但他仍然选择了一个基点，认为存在着普遍性（universality）。以利奥塔为代表的后现代主义解构了宏大的历史话语，将斗争变成纯粹碎片化的希望，然而，这种碎片化的希望支撑不了走出资本主义的解放的未来。所以，必须要有普遍性，也只有通过普遍性，才有真正的希望。那么，什么是普遍性？在这里，

1 Ernesto Laclau, *Emancipation(s)*, London: Verso, 2007, p.41.

拉克劳显然打破了我们传统意义上的对普遍性的认识。在其他的政治哲学家那里，普遍性是各种特殊性可以共通的东西，即特殊性的共性集合，并且只有在这种可共通性的基础上，才能实现主体间的交往理性和商谈伦理学。而拉克劳在齐泽克的影响下，给出了另一种答案，即普遍性不是在特殊性之上的东西，相反，它是最基础的东西，甚至不包含任何实质性的内容。拉克劳解释说："普遍性是一种空的场所和一种空无，它只能被特殊所填充，但正是通过它的虚空，它在社会关系的建构和解构中产生一系列至关重大的影响。"[1] 真正的普遍性在底层，它是构成所有特殊性的基础，因此，它不可能具有任何实质性的内容。在接受了拉康主义的术语之后，拉克劳将这种空洞的普遍性表达为"虚空能指"(empty signifier)，即"一种没有所指的能指"[2]。通过将普遍性转化为拉康意义上的虚空能指，一种在那里作为所有具体性和特殊性之根基，但没有任何本真性内容的普遍性构成了拉克劳解放话语的关键。这样，左翼斗争的目标不再是向上去实现每一种具体身份的解放，因为这种所有特殊身份的解放在总体上是不可能的。那么通过虚空能指，拉克劳成功地将主流的身份政治学变成了关于填充和

1　拉克劳，《同一性和霸权：普遍性在政治逻辑学构造中的作用》，载于［美］朱迪斯·巴特勒、［英］欧内斯特·拉克劳、［斯洛文尼亚］斯拉沃热·齐泽克，《偶然性、霸权和普遍性——关于左派的当代对话》，胡大平、高信奇、蒋桂琴、童伟译，南京：江苏人民出版社，2004 年，第 54 页。

2　Ernesto Laclau, *Emancipation(s)*, London: Verso, 2007, p.36.

增补（supplement）虚空政治可能性的政治学，也就是说，去实现在当下话语构成中不可能的可能性的政治学。因为“任何意指系统都是围绕着一个虚空的位置建构起来的，这个虚空的位置是由于生产一个不可能的对象而形成的，而这个对象又是该系统所需要的对象”[1]。是的，在普遍性的虚空能指的位置上，解放的目标已经改变，不再是某个具体身份的解放——因为这样的解放必定是排他性的——而是无限敞开的解放，这种解放始终面对着被压迫者、被剥削者、被管制者等具体对象，使得这些没有位置和没有身份的人，或者朗西埃意义上的无分之分之人（une part des sans-parts），也可能在解放政治学中找到适合他们的位置。

三、领导权与左翼民粹主义

作为虚空位置和虚空能指的普遍性，实际上解决的是逐渐陷入困境的身份政治和斗争问题，即将由阶级、种族、性别等划分形成的身份差异的特殊性作为斗争的目的，实际上无法实现从特殊性向普遍性的转化，也无法让无产阶级从一个有限的阶级，变成代表全人类的阶级。在这个方面，拉克劳和墨菲的策略是成功的，因为一旦打破透明的固定的身份政治的限定，激进左派和后马克

1　Ernesto Laclau, *Emancipation(s)*, London: Verso, 2007, p.40.

思主义就开启新的可能性。普遍性和虚空能指的功能仅仅在于解构，即解构了阶级和身份政治作为先天规定性概念的合法地位，从而让左翼的斗争找到更灵活的道路，然而，普遍性和虚空能指没有解决的问题是，在资本主义仍然是一种压迫性和统治性的体制时，当人民和大众仍然需要面对斗争时，如果身份政治不能为他们的抵抗和抗争找到合法性的基础，那么他们将依赖什么东西进行抵抗。

拉克劳和墨菲给出的答案是领导权（hegemony）。对于熟悉西方马克思主义发展史的人来说，领导权是西方马克思主义创始人之一、意大利革命政治家和思想家葛兰西常用的词汇。在《狱中札记》中，葛兰西对领导权的描述更多是政治性的，例如，“在下层集团内部，人们会或以往会通过一个政党的斡旋来行使某种领导权，这也必须通过研究所有其他政党的发展加以确定，只要它们包含着领导权集团或接受这种领导权的其他下层集团”[1]。可见，葛兰西对于领导权的认识是，在整个下层集团中存在着诸多不同的政治力量，而这些力量之间的斡旋和协商，达成了某个集团的领导权，所以这种领导权并不是先天给定的，而是在具体的政治斗争中形成的。拉克劳在一定程度上承袭了葛兰西的领导权

1 ［意］葛兰西，《狱中札记》，曹雷雨、姜丽、张跣译，郑州：河南大学出版社，2014 年，第 55 页。在中译本中，“hegemony”一词被翻译为“霸权”，为了前后一致，这里根据原文的语境，将“hegemony”译为“领导权”。

的概念，拉克劳谈道："因此，领导权主体只是在这样的意义上才是阶级主体，在阶级立场的基础上，某种领导权是**在实践上**被链接的。"[1]

不过，拉克劳对领导权的关心，更多是在话语上，即在面对某个虚空能指时，或者面对一个从未存在的普遍性时，如何用具体的内容来填充这个虚空能指？对于这个问题，首先需要解决的是，在一场斗争中，什么样的区别才是本质性的区别。例如，在一次集会中，有男性、有女性、有黑人、有白人、有亚裔、有拉丁裔等，这些区别当然是具体的区别，但是这些不构成根本性的区别，因为在斗争中，"真正的界限绝不可能是中立的界限，而是预设了一种排除……真正的界限总是对抗性的"[2]。比如说，在反抗资本家的剥削和资产主义政府的压迫时，男女之间的性别差异便是一种内部的差别，它是一种中立的差别，不构成斗争中的主要差别。而在这场斗争中，统治者的压迫与剥削才是最致命的威胁，而反抗这种压迫和剥削自然会形成一个最高的斗争界限，在界限的这边，无论男女老幼，无论来自什么族群，他们都悬置了彼此之间的差异，而共同面对统治集团的剥削和压迫，在这个意义上，反统治集团的剥削和压迫，便成了领导权。

1　[英]拉克劳，墨菲，《领导权与社会主义的策略》，尹树广、鉴传今译，哈尔滨：黑龙江人民出版社，2003 年版，第 70 页。

2　Ernesto Laclau, *Emancipation(s)*, London: Verso, 2007, p.37.

为了更清楚地说明什么是领导权，拉克劳引入了等价链条（the chain of equivalence）。比如，人们之间的差异是多方面的，是什么让某种差异成为根本性的差异？例如，在某些国家，着装要求使性别问题上升为一个领导权问题，而其他的问题，如阶层、民族、肤色等都成了等价链条上的差异。也就是说，一旦在某种链接关系中，某种区别上升为具有领导权地位的差异，成为根本性的界限，其他的差异也就成为等价链条上的差异，拉克劳自己的说法是："正是这一点让等价链条成为可能：不同的具体斗争涉及许许多多的身体，而这些身体可以无差别地成为反对压迫性权力的化身。"[1] 这意味着，领导权的不断扩大，也让参与斗争的主体的具体身份变得越来越次要，在面对更为强大的领导权时，他们各自的特殊性越来越多地变成了等价链条。所以"一方面，等价链条越是延伸，具体斗争越是不局限于差异化的自我，即某种身份不会通过其独有的差异，将自己与其他各种差异身份分离开来。恰恰相反，这些等价关系说明了这些差异身份仅仅是一些无差别的身体，它们体现了在所有的身体中都同样出现的东西，而等价链条越长，'同样出现的东西'就越不具体。在极端情况下，它将是独立于所有具体表现形式的纯粹共同体的存在"[2]。等价链条和领导权的用法，类似于巴迪欧在《世界的逻辑》和《第二哲学宣言》

1 Ernesto Laclau, *Emancipation(s)*, London: Verso, 2007, pp.41-42.

2 Ernesto Laclau, *Emancipation(s)*, London: Verso, 2007, p.42.

中提出的阶点理论。巴迪欧认为“所谓的阶点就是可以将两个点视为同一的点”[1]。相对于本体论上的差别，巴迪欧认为即便两个点有表象上的区别，也不影响我们将这两个点视为同一，因为它们面对的是同一个本体论差别。正因为如此，巴迪欧认为这种阶点理论构成了他所谓的“世界的逻辑”。我们面对世界的逻辑结构并不是穷尽实体的一切差别，而是在相对于一个本体论差别的基础上，构成不同的阶点。在拉克劳那里，领导权就是巴迪欧意义上的本体论差别，那么各个点之间的表象上的差别实际上构成了等价链条。

在这里，我们看到了拉克劳意义上的解放究竟意味着什么。在他的《论民粹主义理性》中，拉克劳再次提出了作为普遍性的虚空能指在建立等价链条和激进民主上的特殊价值，指出：“一旦虚空能指标识出一个等价链条，即唯有当虚空能指构成了一个‘人民’，它就可以具有重要地位。换句话说，民主建立在民主主体存在的基础上，民主主体的出现依赖等价链条需求的水平链接。而虚空能指链接出现了等价链条的需求的集合，而这个集合代表着‘人民’。”[2] 在这段话中，拉克劳十分明确地指出，构成政治解放的前提条件是形成民主主体，即“人民”，而“人民”并不是在一个社会中先天给定的集合，而是在虚空能指的领导权斗争

1 ［法］巴迪欧，《第二哲学宣言》，蓝江译，南京：南京大学出版社，2014 年，第 70 页。

2 Ernesto Laclau, *On Populist Reason*, London: Verso, 2005, p.171.

中，形成了一系列的等价链条的需求，这些需求构成的集合就是“人民”，而解放的意义正是在领导权斗争下的“人民”的解放。这样，激进左翼的斗争变成了争夺领导权的斗争，即在各种不平衡的竞争因素中，不断让不同的因素占据虚空能指上的领导权地位的斗争，用墨菲的话来说，这不再是斗争（antagonism），而是争胜（agonistics），而墨菲对争胜的描述是：“可以肯定的是，他们质疑‘无产阶级’类别下的‘人民’逐渐同质化的理论，同时肯定了‘诸众’（multitude）的多样性。但承认激进的否定性意味着不仅要承认人民是多元的，而且还要承认它是分裂的。这种分裂是无法克服的；它只能以不同的方式被制度化，有些方式比其他方式更平等。根据这种方法，激进的政治包括在多种体制地形中的多种举动，以便构建一个不同的领导权。这是一场‘立场之争’，其目标不是建立一个超越领导权的社会，而是一个激进的民主化过程——建设更民主、更平等的制度。”[1]那么，拉克劳和墨菲的解放就是一种在领导权之下动态的，处于争胜的链接关系下的“人民”的解放，而这种“人民”所面对的理性，就是左翼的民粹主义理性，他们解放始终面对不断融合、不断链接、不断形成的领导权和等价链条的人民，让这种处于争胜状态下的人民变成始终向即将到来的共同体开放的制度。

1 Chantal Mouffe, *Agonistics: Thinking the World Politically*, London: Verso, 2013, p.xiii-xiv.

不过，拉克劳和墨菲基于虚空能指的领导权的斗争和解放也在现实的政治中带来了两个问题，而这些问题正在今天的政治格局中造成巨大的后果：

（1）首先，拉克劳和墨菲的领导权斗争，在本质上是一种话语斗争，即谁在具体情势中占据了虚空能指的位置，就能掌握领导权，就能依据领导权形成等价链条的集合，并组成所谓的“人民”概念。因此，他们彻底摒弃了传统马克思主义的政治经济学批判。然而，在今天的资本主义社会中，最核心的问题再一次回到了政治经济学上的贫富分化问题，尽管女性主义、反种族主义、生态主义、LGBT 运动仍然是左翼斗争的主要阵地，但在今天，赤贫的流众阶层不仅出现在第三世界国家，也出现在纽约、洛杉矶、伦敦、巴黎这些现代化的国际大都市的街头。正如南希·弗雷泽逐渐意识到，性别斗争实际上掩盖不了真实存在的政治经济学的不平等问题，1% 和 99% 对立也发生在女性群体内部，这样“为了 99% 的女性主义拒绝资本主义强加给我们的零和博弈框架，其目标是将现有的运动与未来的运动联合起来，形成一种基础广泛的全球抗争”[1]。南希·弗雷泽重新将马克思主义的政治经济学批判置于首位，认为不平等的阶级结构成为其他不平等的根源，如果要实现 99% 的女性解放，就势必要进行政治经济学上的革命，而不是通

1 ［美］南希·弗雷泽，《女性主义宣言》，载于《国外理论动态》，2019 年第 7 期，第 78 页。

过选举的方式让希拉里或其他女性作为女性代表当上美国总统，从而争夺一个虚假的女性领导权。这样，今天的世界政治经济格局告诉我们，所谓的没有任何绝对预先给定的领导权的争胜斗争，实际上消弭了造成真实不平等的根本原因，即生产、金融、数据等重要的资源被资本主义占有，并形成了以大数据智能算法为中心的资本主义新控制手段，在这样的统治技术面前，无论怎样争夺领导权，都是徒劳的。

（2）拉克劳的领导权和激进民主的方案面对的另一个巨大问题是，由于拒绝了左翼政治具有任何预先给定的前提，认为在领导权斗争中没有真正的外部，形成的“人民”的等价链条是无限制敞开的，必然的结果是，民粹主义并没有保障领导权斗争会向着拉克劳和墨菲希望的左翼斗争方向前进，因为民粹主义理性实际上为潜在的法西斯主义的、种族主义的，甚至特朗普主义的民粹主义留下了空间。在《民粹主义理性》中，尽管拉克劳已经批判了法国的勒庞的右翼民粹主义现象，但他似乎对这种带有白人种族优越论的民粹主义并不太担心，因为勒庞代表的是一种“病态的传播形式”[1]（a form of pathological transmission）。然而，在拉克劳过世两年之后，这种“病态的传播形式”就在世界上最强大的国家获得了胜利。尽管在特朗普当选美国总统之后，墨菲曾经为拉克

1 Ernesto Laclau, *On Populist Reason*, London: Verso, 2005, p.28.

劳的左翼民粹主义立场给出了辩护："左翼民粹主义的目标在于开创深得民心的多数派，使它得以上台，并建立进步的统一认识。"[1] 然而，这种辩护在特朗普的民粹主义面前显得是如此苍白，特朗普的右翼民粹主义何尝不是"深得民心的多数派"？关键在于，由于对虚空能指和领导权斗争的绝对信心，拉克劳和墨菲都没有为这种民粹主义的争胜设置一个防护墙，防止极端的、种族主义的思潮也能在领导权斗争中获得胜利。

在日益走向数字化技术和智能算法的今天，重读拉克劳似乎有着一种挽歌的味道。拉克劳和墨菲的领导权斗争的核心问题在于，他们取消了政治经济学批判的核心要素之后，让领导权斗争彻底走向了一个没有任何约束的竞技场，与此同时，他们对于领导权斗争的大众过于自信，认为他们天生地会走向左翼这一边。然而，他们错了。因为在数字平台成为资本主义统治的主要工具的时候，数据和算法已经可以开始控制人们的思维和选择，大多数选择并不是人们通过理性抉择做出的，他们或许只是在Facebook、Twitter、Youtube等平台上接触到某些带有偏见，甚至虚假的信息后就做出了情绪性的判断。在这种情形下，被拉克劳批驳为"病态的传播形式"的民粹主义已经在今天成为主流，即便特朗普不再是美国总统，这种民粹主义也已经成为一种无法羁绊

1 ［英］尚塔尔·墨菲，《写给左翼民粹主义》，杨天帅译，香港：手民出版社，2019年，第61—62页。

的力量。因为这种民粹主义并非基于人们理智的内在心灵的思考和判断，而是在算法控制下的提线木偶，这种算法控制正在世界范围内制造着越来越多的"深得民心的多数派"。换句话说，那种基于理性判断的领导权斗争，甚至基于身份的协商对话，在今天越来越显得不合时宜，因为，如果不能揭露隐藏在民粹主义背后的技术资本主义的控制器，我们就不可能获得真正的解放。在今天，解放首先是政治经济学的和技术政治学的解放，领导权、激进民主、普遍性的解放似乎已经变成了一个 20 世纪残留的遗产，留下了一丝绯色，淹没在算法治理和控制的洪流之中。

前言

收入本书的文章，只有最后一篇是写于 1989 年，其余的所有文章都是在 1991 年至 1995 年之间写成和发表的。这一时期，世界舞台上发生了巨大的变化：东欧剧变导致了世界秩序的重构；前南斯拉夫发生内战；右翼民粹主义在西欧抬头，这种种族主义政治着重反对南欧和北非的移民；多元文化的抗争在北美扩展；种族隔离在南非终结。

如果我们想简要地概括 20 世纪 90 年代前半段的独特特征的话，我会说，应该在各种各样的特殊主义的造反那里寻找这些特征：种族的、民族的，以及性取向的特殊主义，它们反对那些在先前的几十年里统治了政治视域的各种总体化的意识形态。在某种程度上，我们可以说，处于两种主要意识形态之间的冷战是启蒙最后的展示：那就是，我们所要面对的这些意识形态在历史竞技场中把各种力量的集合分开为两个对立的阵营，并且它们各自都把人类的解放确认为自己的目标。“自由世界”和“共产主义社会”被其捍卫者构想为内部无各种边界和分化的社会规划。

正是这些规划的“全局性”处在危机之中。无论正在出现的新的政治愿景（vision）的标志会是什么，可以明确的是，它的基本维度之一将会是重新界定普遍性和特殊性之间的现存关系。当通达共同体的统一性的任何进路都必须从社会和文化的特殊主义出发时——与过去的情况相比，这些特殊主义不仅更加强烈，而且构成了界定一个群体的中心想象的要素——这时候，应该如何看
viii 待共同体的统一性呢？这种想象难道不是排斥与更加普遍的人类价值的认同吗？另外，从其他视角来看，对抗的增多，以及在文化群体和全球共同体之间不存在确切的相同部分这一事实本身，难道不是有赖于一种必然包含正在讨论的有关普遍主义指涉的“权利”的语言吗？

这些文章是在这样的信念下写成的：在政治身份（identities）的确立（make of）中，普遍主义和特殊主义是两个无法根除的维度，但是存在于这两个维度之间的链接（articulation）完全不明显。在思考这个链接的过程中，一些文章简要概括了那些最重要的历史阶段。我们可以说，以当代的情境为参照，那些主导倾向一直都是围绕着两个立场而发生分化。其中一方单方面地特许普遍主义，并且认为在对话过程中存在着一条达成共识（consensus）的途径，这种共识超越了所有特殊主义（哈贝马斯）；而另一方，则致力于称赞纯粹的特殊主义和语境主义，宣布普遍性的死亡（如

在某些后现代主义形式那里)。那些极端立场中的任何一个,都是我所不能接受的,理由在文章中有详尽(*in extenso*)的陈述。但是有必要去规定这两者之间的一种可能的调和所要遵循的逻辑。这些论文的主要论题是,这种调和只能是一种领导权式的调和(涉及将普遍性当作一个虚空的位置来指涉),而且,它表现出的运转方式同时改变了普遍性和特殊性所具有的身份。通过这种进路可以达到什么,读者可以自己去判断。

最后要提到的是写作这些文章的时机。无一例外,每一篇文章都是由某一个具体事件引发的,是依情况而定的一种介入。这些文章应该被看作临时的探索,而不是全方位的理论建构,是对介入活动——介入关于在我们眼前发生的诸多转变的争论之中——的政治和伦理迫切性的回答。因此,这些文章带有即兴(*ad hoc*)的特征,不可避免会出现重复,也不可避免会有缺陷。无论如何,我希望,这些论文能够在阐明我们时代的某些越发迫切的政治问题方面提供有用的帮助。

普林斯顿

1995 年 10 月

致谢

ix 《超越解放》作为一篇论文最初在 1991 年 1 月 30 日至 31 日海牙社会研究所举行的会议上发表，出版于简·尼德文·皮特尔斯（Jan Nederveen Pieterse）主编的《解放、现代与后现代》（*Emancipations, Modern and Postmodern*，London，Sage，1992）。

《普遍主义、特殊主义和身份问题》最初在 1991 年 11 月 16 日至 17 日纽约城市大学举行的专题讨论会上发表。它出版于约翰·赖赫曼（John Rajchman）主编的《成问题的身份》（*The Identity in Question*，New York and London，Routledge，1995）。

《虚空能指为何对政治重要？》出版于杰弗瑞·威克斯（Jeffrey Weeks）主编的《较小的恶与更大的善：社会多样性的理论与政治》（*The Lesser Evil and the Greater Good: The Theory and Politics of*

Social Diversity, London, Rivers Oram Press, 1994)。

《政治主体，主体政治》发表于1995年1月9日至23日在檀香山举行的由夏威夷大学哲学系和东西方中心联合发起的第七届东西方哲学家“民主与正义：哲学探索”会议，它在《差异》(*Differences*)(7.1, Spring1995)中出版。

《脱节的时代》发表于1995年9月9日在利兹由威尔士大学批判和文化中心与利兹大学组织的一次会议的主题演讲中，这次演讲以“幽灵”(Ghosts)为主题，它出版于美国《特征》(*Diacritics*) (vol. 25, no. 2, Summer1995)。

《权力与表现》最初发表于1989年加利福尼亚大学批判理论 x
研究所，目前作为一个补充版本在马克·波斯特(Mark Poster)主编的《政治、理论与当代文化》(*Politics, Theory and Contemporary Culture*, New York, Columbia University Press, 1993)中出版。

《共同体及其悖论：理查德·罗蒂的“自由乌托邦”》原本在迈阿密理论团体(Miami Theory Collective)主编的《无所适从的共同体》(*Community at Loose Ends*, Minnesota University Press, 1991)中出版。

第一章

超越解放

1 我认为“解放”——多个世纪以来，这个概念一直都是我们的政治想象的一部分，而今天，我们看到了它的瓦解——是在六个不同维度上组织起来的概念。第一个我们可以称之为**二分维度**（*dichotomic dimension*）：在解放的时刻与先于它的社会秩序之间，有一种绝对的断裂，一种彻底的不连贯性。第二个维度可以被看作**整体的维度**（*holistic dimension*）：解放影响到所有的社会生活领域，在不同的领域中，其不同的内容之间存在着一种本质上重叠的关系。第三个维度可以被看作**透明性维度**（*transparency dimension*）：如果不同方面的异化——宗教、政治、经济，以及其他方面——已经被彻底根除，那么就仅存人类本质与其自身的绝对一致，也就不会为权力和再现（representation）关系留下任何空间。解放假定了权力的消除，以及主客二分的废止，并且由那些代表着社会总体性的社会代言人来管理——不带任何不透明性，也无须任何中介——共同体的事务。在这个意义上，例如，在马克思主义中，共产主义与国家的消亡在逻辑上是相辅相成的。第四个维度是相对于解放行动本身的被解放之物的**前存在维度**（*pre-existence dimension*）。没有压迫就没有解放，如果没有那些被压迫性的力量阻碍了其自由发展的事物的出现，就没有压迫。在这个意义上，解放并不是**创造性**（*create*）行为，而是对先于自由（liberating）行动的某种事物的解缚（liberation）。第五个维度，我们可以称之为**基础维度**（*dimension of ground*），这个维度内在于所有的彻底解放的规划之中。如果解放行动真的是完全彻底的，如果它真的将所有先于它的东西都抛诸脑后，那么，这种 2
解放必然发生在社会的“基础”水平上。如果没有基础，如果革命行动留下超出解放实践的转化能力的残余物，那么**彻底**解放这个观念就会自相矛盾。第六个维度，我们可以称之为**理性主义维度**（*rationalistic dimension*）。在这里，世俗化末世论的解放话语与宗教末世论的解放话语各执己见。对于宗教末世论而言，把真实吸纳到表现的总体体系之内并不对后者做理性的要求；通过启示，上帝那深奥莫测的计划被传达给我们，这就足够了。但对于世俗化的末世论来说这是不可能的。由于真实所具有的绝对的可表现性观念，并不能诉诸外在于真实本身的任何东西，它只能与绝对理性原则相一致。于是，完全解放就是这样一个时刻，即在那一刻，真实不再是面对我们的一种晦暗的肯定性（positivity），并且在那一刻，后者与理性之间的距离最终被彻底消除。

在何种程度上，这六个维度在逻辑上成为一个统一的整体？它们构成一个连贯一致的理论结构了吗？我试图指明，它们并没有做到（它们不会是一个统一整体），并且指明对经典解放概念的诸多变体的肯定，已然涉及发展诸多逻辑上不兼容的主张。不过，这并不能让我们简单地摒弃解放的逻辑。相反，正是由于其斡旋在后者那逻辑上不兼容的体系之中，我们才能够开启一条全新的自由话语之路，这些全新的自由话语不再受经典的解放观念导致的自相矛盾和无路可走（blind alleys）困扰。

首先从二分维度开始。我们这里所面对的“二分”是一种非常特殊的二分。它并不是同时或前后相继共存的两种元素或两个阶段之间简单的**差异**，并且它们以这样的方式促成彼此不同身份的构建。如果我们谈及“**真正的**”解放，对立于被解放身份的“他者”（other）绝非一个纯粹积极或中立的他者，相反，是阻碍了前一个元素在身份构成上走向完善的“他者”。在此意义上，包含在解放
3 行动中的二分与我们的第四个维度有着逻辑上的紧密关系——被解放的身份的前存在面对（*vis-à-vis*）着解放的行为。原因很简单：没有这个前存在，就不会有身份受到压制或得不到完善的发展，那么“解放”这个观念将会变得毫无意义。现在，一个不可避免的结论由此产生：**真正的**解放需要“**真正**”的他者——就是一种不能化约为任何“同一”（same）形象的“他者”。但是，在这种情况下，在有待解放的身份与对立于它的“他者”之间，不可能存在一种肯定的客观性作为其基础，并建构这个二分的两极的身份。

我们可以用一个非常简单的考察来说明这一点。让我们假设，在某个时刻，有一个更为深刻的客观过程将意义赋予二分的两方。如果这个假设成立，那么构成二分的断裂就丧失了其彻底性。如果二分并不是构成性的二分，而是一种肯定的过程的**表达**，那么他者就不是**真正的**他者：既然这种二分根植于一种客观的必然性之中，那么对立的维度也是必然的，在这个意义上，它成为彼此对立的两种力量的身份的组成部分。将他者感受为一种彻底的他者只是表象。当一块石头与另一块石头相撞便碎裂了，那么就说第二块石头否定了第一块石头的身份是十分荒谬的——相反，在某些情况下被打碎，就和它在其他不同情况下毫发无损一样，都表达了石头的身份。一个客观过程的特性就是它把自己的构建环节的整体还原到它自己的逻辑中去。“他者”不过是“同一”内在分化的结果，因此，它完全臣服于后者。但这并不是解放行动所需要的断裂中的那种他者性。倘若构建后者的行动只不过是压迫体系的内在分化的结果的话，那么就没有破裂，没有真正的解放。

这或许可以用略微不同的方式来表达，即倘若解放是真正的解放，那么它就不可能与任何类型的“客观”解释兼容。当然，我可以说明让压迫体系的出现**成为可能**的一系列情形。我也可以说明与压迫体系相抗争的力量是**如何**形成和（发展）进化的。但**如果两者的断裂是真正的断裂**，那么两者之间对抗的绝对时刻（strict moment）就绝不会融合到任何一种客观性解释之中。在两 4
种势不两立的话语之间，每一方都构成了它们之间对立的一极，它们之间没有公共的尺度，它们之间的冲突的绝对时刻无法用客观性的术语来形容。当然，除非两者之间的对抗时刻纯粹是表象，而社会诸力量之间的冲突可以归结为一个自然的过程，就如同两个石头相撞一样。但是，正如我们指出的，这与奠定解放行动所需要的基础不相容。

现在，如果二分的维度需要一个不得不被摒弃的过去的那种彻底的他者性，那么在这种情况下，二分的维度就与我们前面提到的构成经典解放观念的其他维度完全不兼容。首先，二分论激进主义（radicalism）与彻底的基础是不兼容的。我们已经看到，解放逻辑所需要的彻底断裂的条件是被拒斥的压迫体系所具有的无法还原的他者性。但是，在这种情况下，用来解释业已被拒斥的秩序和解放所开创的秩序的基础就不是唯一的。其中的选择性一目了然：**要么**解放是彻底的，在这种情况下，它不得不成为自身的基础，并由自己把它所排除的东西界定为由邪恶和非理性所构成的彻底的他者；**要么**存在一个更为深刻的基础，它构筑了解放之前的秩序与新近“被解放”的秩序之间的理性关联以及转换——在这种情况下，解放不能被看作真正**彻底的**奠基（foundation）。当启蒙哲学家们指出，如果理性的社会是一种源于同过去彻底决裂的完全成熟的秩序，而在此决裂之前的任何组织都被看成人的无知和愚蠢的产物，被认为是丧失了理性的时候，他们已经很好地推出这一点。不过，难题在于，如果真正的理性社会的奠基（founding）活动被看作对过去的非理性的力量——这些非理性的力量同胜利的新社会秩序毫无共通之处——的彻底胜利，那么这个奠基活动本身就不可能是理性的，相反，它本身是纯附生性的（contingent），它依赖于一种权力关系。在那种情况下，被解放的社会秩序也变成了纯附生性的，它不可能被看作任何真正人类本质的解放。我们和之前一样，面临着同样的困境：如果想要坚持，我们正在建立的新社会秩序是理性的且永存的，那么 5
我们就不得不将理性拓展到那个奠基行动本身，因此也必然拓展到那个将被推翻的社会秩序——但在那种情况下，二分维度的激进主义就消失了。相反，如果我们坚持后一种激进主义，那么这种奠基行动以及由此导致的社会秩序都将完全成为纯粹附生性的；亦即这个永存的结构性外部的条件已经被创造出来，而现今消逝的正是经典的解放观念中的基础维度。

解放话语内部的二分维度和基础维度之间的不兼容性创造了两个基本矩阵（matrices），其他的维度则都围绕着这两个矩阵展开。我们已经说过，面对压迫力量的被压迫者的前存在，是二分维度所需要的断裂的激进主义的必然结果。如果被压迫者并非预先存在于压迫秩序中，那么它就会成为压迫秩序的一个后果，而且在这种情况下，断裂是构成性的。（这种断裂是否没有被被压迫者通过**假定**了压迫者之出现的各种形式的认同所表达出来，这是一个不同的问题。我们在后面会讨论这一点。）但在逻辑上，所有其他的维度都需要一个肯定的基础的存在，并最终与二分维度所需要的断裂的构成性毫不兼容。除非社会的肯定的基础使它的各部分程序的——包括对立的和二分的——多变性统一在一种自我包涵的总体中，否则，整体性就不可能成立。但在那种情况下，断裂必然是内在于社会秩序的，而不是一条区分线，将社会秩序同其外部的东西区分开来。透明性需要完整的可表现性，如果内在于彻底的他者之中的不透明性建构了社会关系，那么我们就不可能得到这种彻底的透明性。最后，我们已经看到的，在一种世俗版的末世论中，完整的可表现性等同于整全知识（full knowledge）——这种整全知识可以被理解为将所有的真实都归结为理性——而且只有他者被还原为同一，这个整全知识才能够实现。

因此，我们可以看到，在历史上出现的诸多解放话语，是将两种不可兼容的思想线索交织在一起而形成的：一条线索设定社会的客观性和完整可表现性；另一条线索的整个情况依赖于对断裂的展现，而正是这个断裂让所有的社会客观性最终都变得不可能。
6 如今，重要的是，这两条对立的思想线索并非一些简单的分析性错误，让我们可以简单地挑选一个或另一个来规制（formulate）解放话语，而这个话语或许可以摆脱逻辑上的不一致性。问题要比这个情况复杂得多，因为这两个思想线索对于解放话语的生产同样都是必不可少的。正是由于肯定了两者，才得以让解放的观念变得有意义。解放**同时**意味着彻底的奠基和彻底的排斥，亦即它在假定了社会的基础的同时又宣布了它的不可能性。一个解放的社会必然是一个完全对自身保持透明的社会，与此同时，这种透明性通过与本质性的晦暗分界而得以构建，其结果是，我们无法从透明性的一侧去思考这条分界线，且透明性本身也变得晦暗起来。一个理性社会必然是一个自我闭合的总体，这个总体让其各个部分都臣服于自己；但是整全性构造（holistic configuration）的界限——没有这些界限，根本不可能有整全性构造——只有通过将整全性构造同一个非理性和无形式的外部区分开来，才能建立起来。我们必然得出结论，思想的这两条线索在逻辑上是不兼容的，但是，它们彼此都互相需要：没有这两条线索，解放的整体观念就会灰飞烟灭。

但是，我们从这种逻辑的不一致性中得出的是什么呢？解放的观念是以什么样的方式作为它们的结果而瓦解的呢？很显然，它仅仅是在**逻辑的**领域中瓦解了，但这并不足以使它在**社会性**上变得不具有操作性——当然，除非我们拥护这种荒谬的假设，即社会领域作为一种逻辑上的存在而被建构，并且矛盾的命题不可能具有社会有效性。在这一点上，我们必须小心地区分两种截然不同的主张。第一个主张是矛盾原则并不适用于社会，那么结果就是，在同一时刻，人们既有可能，也不可能在同一个地方，或者说，同样的法律条例既已被颁布，又没有被颁布，等等。我不认为会有谁莽撞到去阐述这样的命题。但第二个主张，即主张社会实践构建理念和制度，其内在逻辑是基于不兼容逻辑的操作，则又是一个完全不同的命题。而且很明显，这里也没有否认矛盾原则，否则就意味着主张构建矛盾命题在逻辑上是矛盾的，当然不是这 7

种情况。现在，如果矛盾逻辑的运转可以非常完美地成为许多制度和社会实践的根基，那么一个问题产生了，即在何种程度上这种操作是可能的。会不会是这种情况，即不兼容的逻辑在社会中运转，但不能扩展到作为一个整体的社会中；也就是说，在某些情况下制定一些矛盾的命题是一种逻辑要求，为的是作为一个整体的社会不具有矛盾性？在这里，我们已接近黑格尔的"理性的诡计"（cunning of reason）。但显然在这种情况中，我们是在处理一个**本体论的**假设，而不是一个**逻辑的**要求。而这种本体论的假设，无非是一个我们已经讨论过的关于"基础维度"的新构想。

但是，这个假设本身是怎样的呢？它在逻辑上是无懈可击的吗，而我们唯一的任务就是确定它的对错吗？显然不是，因为一切我们谈过的关于基础的逻辑及其伴随的维度——透明性、整体论，等等——完全适用于这里。正如我们所看到的，透明性通过排除晦暗的行动将它自身构成一个地带（terrain）。但是，这种排除的行动本身是怎样的呢，透明性和不透明性之间的构成性**差异**是怎样的呢：它是透明的，还是晦暗的呢？很显然，二选一是困难的，并且这两个同样可能的逻辑运动——使晦暗变得透明或使透明变得晦暗——模糊了二选一的整洁。

所有有关逻辑矛盾在社会中的地位的这些细枝末节都非常重要，它使我们认识到两个方面，这两个方面在我们处理语言游戏时必须被考虑到，这样在解放的逻辑之内进行游戏才是可能的。第一个方面是，如果"解放"这个术语要保有含义，那么它就不可能放弃其不兼容双方的任何一方。更确切地说，我们必须采用被指定的方式拿一方对抗另一方。第二个方面是，**如果**，“解放”被作为一个有关政治的术语来维持，那么这种双重的且矛盾的要求就不单是我们必须主张的东西。如果这就是整个问题，那么为了避开它，我们就可以仅仅通过否认解放是一个有效的概念，以及主张两种逻辑中的任何一种被单独采用时的有效性。但是，这恰恰是不可能的：我们的分析得出的结论是，正是矛盾双 8
方自身规定了双方的在场，以及与此同时双方的排斥：每一方既是对方的可能性的条件，也是不可能性的条件。因此，我们不单是在处理一种逻辑的不兼容性，更是在处理双方之间的一种真实的**不可判定性**。这已经为我们指明了定然能趋近解放的逻辑的途径：通过观察不兼容的双方瓦解所产生的效应。这一分析的可能性来自我们早先说过的：两个不兼容逻辑的社会运转不在于它们双方各自效应的单纯废止，而在于双方一系列特定的相互损形（deformations）。这正是我们通过瓦解所理解的。就如两个不兼容的逻辑中的每一方都假设了一个完整的运转，而对方是否认这种运转的，并且这种否认导致了一系列有序的关于二者内部结构的颠覆性效应。很显然，在分析这些颠覆性效应时，我们没有看到超越两个逻辑的新事物的崛起，却看到对于本来属于它们的完全运作的有序漂离（drifting away）。

然而，在继续来描述这种漂离的一般模式之前，我们必须考虑传统的解放话语在处理我们那些从根本上就不兼容的维度时所采用的那种方式，当然这种方式在过去并不是完全被忽视的。“彻底解放”的话语第一次出现是在基督教教义里，其具体形式是**救赎**。由于部分继承了犹太教的末世论因素，基督教将展现出一个未来人性的形象——或者后人性（post-humanity）的形象——在其中一切罪恶将被根除。二分的维度和基础的维度都展现在这里：世界历史是圣徒和邪恶力量之间永恒的斗争，他们之间没有共同的基础；未来社会将是一个完美的社会，它不存在任何内部的分裂，没有阴翳（opaqueness），也没有异化；圣徒在对抗邪恶力量的斗争中，以及上帝在取得最终胜利的过程中所采取的各种方案，通过启示的方式为我们所知。现在，在这个世界图景中，我们看到了一个神学上的困难，这个困难就是在神学上承认我们的两种互不兼容的维度。上帝是万能的，是绝对的善，是一切存在从无到有（*ex nihilo*）的创造者，是一切被创造出来的存在者的绝
9 对来源和基础。在这种情况下，我们如何解释邪恶在这个世界上的存在？选择是明确的：要么上帝是万能的，是一切存在者的根源——并且，在那种情况下，他不可能是绝对的善，因为他要为这个世界上邪恶的存在负责——要么他不为这样的存在负责，那么它就不是万能的。在这里，我们看到一个面对非神学时所遇到的同样的问题：要么善和恶的二分是最彻底的，在它们两者之间没有共同的基础；要么它们两者之间有这么一个基础，在那种情况下，善与恶之间相对抗的激进主义则是模糊的。面对这种选择，基督教思想在以下两者之间变换：一是宣称上帝的计划是不可理

喻的，且困境是由人类理性造成的，这使得问题没有被解决而是被悬置起来；二是寻找一种解决方案，即如果它想要前后一致，那么可以通过以一种或另外一种方式宣称恶的必然特征，来维持上帝作为绝对来源的形象。约翰内斯·司各脱·爱留根纳（Johannes Scotus Eriugena）认为，在加洛林文艺复兴时期，上帝通过涉及有限性、偶然性和邪恶这样一个必要阶段的转换达到完美，并开启了一个传统，这种传统经历北方神秘主义、库萨的尼古拉和斯宾诺莎，最终在黑格尔和马克思那里达到顶峰。

基督教视域中的历史也面临着另一个问题——这次没有矛盾——那就是要被执行的任务的普遍性和对这些任务负责的代言人的有限性之间存在着不可通约性。化身（incarnation）的范畴被设计出来以便调和这两者之间不可通约的事实。当然，所有化身的典范是基督自身的降临，但在世界历史中，每一个普遍的时刻都被神的介入所标识，通过这种介入，有限的身体不得不承担普遍的任务，而普遍的任务绝不是由它们具体的有限性所预先裁定。化身的辩证法预设了化身身体和其任务之间的无限距离。只有神的中保才能确立二者之间的桥梁，而其动机并非人类理性所能理解的。回到解放的各种维度上，我们可以说，在基督教的话语中，透明性在**表现**水平上而非**知识**水平上得到保证。启示给了我们一个历史总体性的表现，但在那个故事中，表达自身的理性总是会躲避我们。这就是为什么理性维度必须从关于拯救的神学解释中 10
缺席。

·

现代末世论试图去弥合的就是横跨在表现和理性之间的鸿沟。既然上帝已不再在前景中扮演总体的可表现性的保卫者这一角色，那么基础将不得不显示其无所不包的能力，而无须诉诸一个基础与其自身实际上所包含的东西之间无限的距离。所以，总体表现只有在作为总体合理性时才变得可能。这种现代趋势的第一个后果是，在基督教泛神论与半泛神论版本中被暗示的转向，现在被导向其逻辑结论。如果存在一个基础，在这个基础之上人类历史将自身展现为纯粹理性的，并且对于自身而言是完全透明的，那么恶、不透明性和他者性就只是由局部和扭曲的表现所造成的结果。基础维度所施加的影响越多，内在于二分维度中的断裂所具有的不可弥合的他异性（alterity）就越被作为错误的意识而搁置。黑格尔的“理性的狡诈”我们之前已经提到过，但是，履行相同原则的马克思主义的版本也并不遥远。记住关于对抗性社会的出现和发展的描述就足够了：原始共产主义不得不瓦解以发展人类生产力；后者的发展需要途经一条由一系列的剥削制度组成的地狱之路，以作为其历史的和逻辑的条件；并且只有在这个过程结束时，即当历史达到一个代表高度发展的生产力的新共产主义的顶点时，先前所有苦难的意义和合理性才能最终被展现出来。正如黑格尔所说，世界历史不是幸福的地带。从世界史的制高点上来看，奴役、蒙昧主义、恐怖主义、剥削、奥斯维辛等一切事物都展现出其理性的实质。彻底的拒斥、对立（antagonism）、道德上的不一致性，总之任何与二分维度相关的事物都属于上层建筑的领域，都属于社会行动者与它们真实条件之间（扭曲地）关联的方式。正如一段著名的文字所主张的：

> 随着经济基础的变更，全部庞大的上层建筑也或慢或
> 快地发生变革。在考察这些变革时，必须时刻把下面两者
> 区别开来：一种是生产的经济条件方面所发生的物质的、
> 可以用自然科学的精确性指明的变革，一种是人们借以意
> 识到这个冲突并力求把它克服的那些法律的、政治的、宗教 11
> 的、艺术的或哲学的，简言之，意识形态的形式。我们判断
> 一个人不能以他对自己的看法为根据，同样，我们判断这样
> 一个变革时代也不能以它的意识为根据；相反，这个意识
> 必须从物质生活的矛盾中，从社会生产力和生产关系之间
> 的现存冲突中去解释。[1] 1

因此，在这段文本中二分维度成了基础维度的“上层建筑”，解放只是一个必须在完全不同的术语中被理解的一个实质性过程的修辞装饰物。其结果是，这种木质性转向的第二个逻辑规定是，我们必须完全消除化身的辩证法。正如我们所看到的，化身需要通过一个外在的第三方中介，才能让两种元素联系起来，这

1　参见中译本《马克思恩格斯全集》，人民出版社，1962年，第13卷，第9页。——译者注（本书脚注均为译者注）

样一来，前两个元素之间存在着一种无法弥合的距离：没有第三个元素就完全没有它们之间的所有联系。因此，只要上帝是**解释要素**（explanans）的一部分，化身就是可能的，但如果他退到背景中，那么被具体化的（incarnated）普遍性与承担具体化的（incarnating）身体之间的连接，就变得不可能。也就是说，一个完全理性和世俗的末世论必须展现这种普遍的行动者的可能性，他超越了特殊性和普遍性之间的矛盾，或者说，其特殊性以直接的方式表达——而不通过中介的系统——纯粹和普遍的人类本质。对马克思来说，这种行动者就是无产阶级，其特殊性以这样一种直接的方式表达普遍性，即他的到来被视作对所有表现过程的需要的终结。没有化身可能在这里发生。但是，如果仔细地来看这个问题，我们将会看到，对于这个被看作可以完成真正的解放进程的行动者而言，“解放”已经成为一个毫无意义的称谓。我们如何构建这个行动者的身份？正如我们所看到的，解放的代言人必须是这样一个角色，即他的身份在其构成 / 发展中被一个现有的压迫性的政权所阻止。但是，如果该制度的解体过程和“解放的”行动者的形成过程是同一个过程，那么我们就很难说，他或她是被构成他或她的同样的制度所压迫的。

12 当然，我们可以非常清楚地认为，无产阶级是资本主义发展的产物，因为只有后者造成了直接生产者与生产资料所有权之间的分离，但这只说明了无产阶级在资本主义社会中作为一种特殊的主体而出现，并不能说明，无产阶级作为一种解放的主体而出现。为了使后者成立，我们需要说明资本家在工人身上所否认的东西不单单是资本主义的产物。用我们的话来表达，就是需要说明,有一个对立的二分,它不能归结为一个单一的基础。也就是说，正如我们前面所提到的，真正的解放的条件是一种基础的不透明性（opaqueness），没有任何基础可以彻底根除不透明性。这意味着，创立现代性的政治话语的两种封闭的操作必须作废了。一方面，如果现代性通过将可表现性与知识紧密地联系在一起而开始，那么从解放的辩证法导出的构成性的不透明性，涉及的不仅是对知识而言社会不再透明，而且——由于上帝不再在那里通过启示替代知识——所有表现将必然是不完全的，并将在一种本质不可表现性的背景中发生。另一方面，考虑到不再有一个透明的社会，在其中普遍可以通过一个直接的非中介的方式展现自身，因此，这种构成性的不透明性取消了使超越化身的辩证法成为可能的基础。但同样，由于上帝不再在那里通过他的话语来确保一种逸出人类理性的关于普遍命运的知识，不透明性也不能导致化身辩证法的恢复。基础的死亡似乎导致了普遍的死亡，并且使社会斗争散入一种纯粹的特殊主义之中。这是我们之前强调的解放逻辑的另一维度：如果基础的缺席是彻底解放的条件，那么建立解放行为的激进主义除非是一种奠基的行为，否则不能被设想。

因此，它看起来像是这样一种情况，即无论我们采取哪种办法，解放都将变得不可能。然而，在给予其死亡证明这件事上，我们有些犹豫不决。虽然我们已经探索了分别采取两种选项的逻

辑结果，但是我们仍然只字未提可能来源于这两个对称的不可能
13 性之间的社会交往的效应。让我们认真考虑一下这个事情，解放与普遍的命运紧密相连。如果基础的维度将要占据上风，或者如果解放要成为一个真正的彻底奠基的行动，那么它的履行将不能由任何特殊主义的社会代理机构来承担。我们已经看到，这两个维度——基础和彻底的断裂——实际上是不兼容的，但两者同样需要普遍的存在。如果没有历史地带中普遍的出现，解放将变得不可能。正如我们已经看到的，在神学思想中，这种普遍的存在是通过化身的逻辑来保证的，它是特殊主义的有限性与普遍任务之间的中介。在世俗化的末世论中，普遍必须在没有任何中介的情况下出现：在马克思那里“普遍的阶级”之所以可以履行解放的工作，是因为准确地说，这种阶级已经变成纯粹的人类本质，这种本质已经放弃从属于任何特殊主义。现在，一种终极逻辑上的不可能性——或是一个真正彻底的断裂的不可能性，或是在某些“理性的狡诈”的版本中解放的消解的不可能性——似乎摧毁了任何总体化效应的可能性。基于此，普遍可以在其中出现的唯一地带——也就是社会的总体性——显然已经消失了。这是否意味着普遍的死亡——随之而来的必然结果就是解放的不可能性——把我们留在一个纯粹的特殊主义的世界中，在其中社会行动者追求的只是有限的目标？我们略微反思就会发现，这不是一个令人信服的结论。“特殊主义”本质上是一种关系的概念：特殊之物与其他的特殊事物相联系，并且特殊之物之整体以一种总体性为前提，

在这种总体性中它们可以被构成。因此，如果关于一个社会总体性的观念受到质疑，那么“特殊”身份的观念也同样会面临威胁。总体性范畴通过其不在场而产生的效应继续困扰着我们。

最后的讨论开辟了一种形式，它构思了普遍主义与特殊主义之间的一种关系，这种关系既不同于其中一个在另一个中的化身，也不同于它们之间差异的消除，并且，这种关系实际上还创造了新的解缚话语的可能性。当然，这些话语超越了解放，但是它们是通过发生在替换系统中的运动而被建构，这种替换系统是由后者产生的。让我们通过对社会对抗的考察开始我们的分析——例 14
如，一个被霸权国家欺凌的少数民族。在这里，两者之间有一个断裂，并且，我们已经知道，在所有的断裂中，有一条基本的不可判定性的线，它把断裂的双方分开并规定各自的所属。我们假设在某些时候其他敌对势力介入，如外国入侵、敌对经济力量的制裁等。少数民族将会把所有的敌对势力看作对它们自身的身份具有**均等的**（*equivalent*）威胁。现在，如果存在力量的均等，那么这意味着通过所有不同的敌对力量，有一种平等地呈现于它们之中的东西被表达出来。但是，这个共同的元素不能是一些肯定的东西，因为从其具体的肯定的特征来看，这些力量中的每一个都与其他的不同。它必须是纯粹否定的东西：它们中的每一方都对民族认同造成威胁。结论是，在一种均等的关系中，每一个同等的因素都作为否定性本身的象征而运作，作为一个特定的普遍的不可能性（这种不可能性渗透进所讨论的身份中）而运作。用其他词汇来表达：在一种敌对的关系中，作为一个特定身份的否定一极而运作的东西被构成性地分裂了。它的所有内容表达了一个超越它们的一般否定性。但是，正因为如此，“肯定”一极也不能被还原为其特定的内容：如果那些反对它们的是否定性本身的普遍形式，那么通过它们的均等关系，这些内容不得不表达完满性或身份的普遍形式。在这里，我们并不处理黑格尔意义上的“规定了的否定”（determinate negation）：当后者由特定的易见的肯定性产生，并且通过总是规定了的内容“循环”时，我们的否定性观念则取决于所有确定在构成过程中的失败。

这种构成性的分裂展示了特殊中普遍的出现。但它同样也展示了，特殊性与普遍性之间的关系是一种本质上不稳定的和不可判定的关系。在宗教末世论中，哪些特殊的内容将成为普遍性的化身取决于上帝的判决，因此也是完全不变的和被预先注定的。由于自我显见（self-transparent）的普遍性是特殊性在理性的自我发展中的一个时刻，哪个特殊的行动者会去消除他或她与普遍之间的距离，同样是由黑格尔 / 马克思历史视域的本质决定论所确定的
15 事情。但是，如果这种普遍性源自一种构成性的分裂，在这种分裂中，对某个特殊身份的否定在身份和完满本身的象征中改变这个身份，那么，在这种情况下，我们必然得出这样的结论：（1）普遍没有它自己的内容，它只是一种不在场的完满，或者说，是完满的能指，是完满观念的能指。（2）普遍只能从特殊中浮现出来，因为它只是一个**特殊**内容的否定，这种否定在超越它的某个普遍性的象

征中转换内容。(3)然而，由于这种普遍——从它本身来看——是一个空洞的能指，**什么**特殊的内容将成为后者的象征是不能通过对特殊本身和对普遍的分析决定的。二者之间的关系取决于对立的语境，并且在严格意义上，它是一种领导权操作。这就好似把二分的两极分开的不可判定的线，已经把它的不可判定效应拓展到两极自身的内部，拓展到普遍性和特殊性的关系中。

现在通过这些结论，思考一下，我们一开始讨论的解放观念的六个维度都发生了什么。我们已经说明了，基础的维度与解放不兼容，并且把我们卷入不可逾越的逻辑疑难。难道这就意味着我们不能更进一步地考察“基础”的观念了吗，难道只能被迫放弃它吗？显然不是，原因莫过于瓦解和特殊主义——构成了唯一可能的选择——在否认基础概念的同时又预设了基础概念。然而，使这些不兼容的逻辑之间的相互作用成为某种政治生产力的特有场所是可能的。特殊性既否认也需要总体性，那是基础。这些相互矛盾的运动，在我们称之为所有具体身份的构成性分裂中表达它们自身。总体性是不可能的，与此同时，它又是特殊所需要的：在这个意义上，它在特殊中作为一种总体性的不在场而存在，作为一种构成性的缺失而存在，这种缺失不断地促使特殊成为一种超越其自身的存在，并且这种缺失承担了一个普遍的角色，这种普遍的角色只能是不确定的和未缝合的。正是因为这一点，我们才能有民主政治：一系列有限的和特殊的身份试图去承担超越它们的普遍任务；但是，其结果是，绝不可能完全消除任务和身份

16 之间的距离，并且它们总是能够被其他备选的组织所代替。不完全性（incomplention）和临时性属于民主的本质。

不言而喻，整体维度沿着与基础维度相同的路径行进：事实上，它们是从两种不同的角度看到的同一个维度。只要关涉理性主义的维度，我们就应该考虑到，世俗主义者的现代性的转变所涉及的主张，它既主张历史的意义在历史自身之外不能被发现，不存在作为现存一切事物的终极来源的超自然力量运行，也主张这种纯粹的世界性事件的自然更替是一个完全理性的过程，人类可以在理智上掌握这种过程。因此，理性重新占领了那个基督教归之于上帝的地带。但是基础的丧失剥夺了理性包罗万象的能力，只有第一个主张（或者说允诺），即所有解释的内部世界性特征被保留下来。理性是必须的，但它也是不可能的。其缺席的存在呈现在各种各样的尝试中，这些尝试试图让有限的社会代言人去完成世界的“理性化”。这些尝试的命运无疑是不稳定和最终的失败（如果我们坚持以一个古老的理性主义的标准衡量成功），但通过这次失败我们会获得一些比我们正在失去的确定性更珍贵的事物：自由面对着不同的识别形式，它对于把我们束缚在这个不可上诉（unappealable）的网络中是无力的。这同样适用于透明性维度：在那里总体的可表现性不再作为一个可能性，但这并不意味着它的必要性已经被根除。可能性和必要性之间不可逾越的鸿沟直接导致了尼采所谓的“解释的战争”（war of interpretations）。如果这种受限的和有限的存在试着去了解，去让世界向它们自身保持一种透明的状态，那么这种限制和有限性不可能不被传递给他们的智力活动的产物。从这个意义上说，放弃对“绝对”知识的渴望会产生令人振奋的影响：一方面，人类能认可自己是真正的创造者，而不再是预定结构的被动接受者；另一方面，因为所有社会代言人必须承认他们具体的界限，没有任何代言人可以有志于成为真正的世界意识。这打开了通向各种不同观点之间的无尽 17
交互的道路，并且使极权主义梦想实现的可能性变得越来越小。

至于那些与基础维度和依赖于这个基础维度的东西不兼容的方面又是怎样的呢？正如我们所见，二分维度预设了一个基础的结构位置，与此同时又使后者不可想象。从它的**位置**的角度看，它只有在社会的基础层面上发生，才能构成二分的彻底的断裂，但是这种二分所执行的操作——把解放从异化的过去中**分离**出来——在逻辑上与结构位置这一观念不兼容。现在，像在其他维度中一样，一些肯定的结果从基础的自我假定和撤离这一双重运动中得出。最重要的是，一方面，如果没有绝对的二分，那么就不可能存在完全的革命性的奠基行为；但另一方面，如果这种二分化（dichotomization）不是一种彻底消除他者性的结果，而恰恰相反，是总体根除他者性的不可能性的结果，那么局部的和不确定的二分将不得不构成社会结构。这种构成当代社会分裂边界的不稳定性和不完全性（incompletion），是这种社会斗争——所谓的新的社会运动——一般自主化的当代可能性的根源，而不是使它们从属于一个唯一的边界，这条边界将是社会分裂的唯一来源。

最后，与压迫力量相对的被解放之身份的**前存在**，也和其他维度一样，遭到颠覆，并臣服于同样的矛盾运动。在经典话语中，这种被解放的身份，因为其相对于反对它们的力量的彻底的他者性，必须预先存在于解放行为之前。事实上，这在任何敌对的斗争中都是不可避免的，但是，同时，如果二分化不是真正彻底的——正如我们刚才见过的，它并非如此——那么压迫性的力量的身份就不得不通过某种途径被镌刻在寻求解放的身份中。这种矛盾的情形表现在压迫者与被压迫者的关系中内在性与外在性之间的不可判定性上：作为一个为解放而斗争的主体，被压迫是我的身份的
18 一部分；没有压迫者的存在，我的身份将会不同。后者的构成需要他者的存在，但也同时拒绝他者的存在。

当代的社会斗争正把这种矛盾运动置于显要的位置，不管是宗教末世论的解放话语，还是现代世俗化末世论的解放话语都已经被隐藏和压制了。我们今天正在与自己的有限性和解，与我们的有限性所打开的政治可能性和解。我们后现代的潜在的解缚（liberatory）话语正是从这一点开始的。或许可以说，今天我们既处于解放的终点上，也站在自由的起点上。[2]

注释

[1] Karl Marx, *A Contribution to the Critique of Political*

Economy, London, Lawrence and Wishart 1971, p. 24.

[2]由于这篇文章最初于1992年出版，围绕最后一句话产生了一系列相当大的误解。难道宣称我们处于自由的开端便意味着否定文章所支持的一切吗？如果自由是自我规定，那么自由与经过解放的经典概念假设的自由有什么不同？有必要消除这种误解。自由不意味着积极和毫无瑕疵的完满，而是一些本质上模糊的事物。为了让这一点更加清晰，我想将最近戴维·豪沃思（David Howarth）和阿莱塔·J. 诺弗尔（Aletta J. Norval）向我提出的问题（以及我的答案）翻印在这里（'Negotiating the Paradoxes of Contemporary Politics. An Interview with Ernesto Laclau', *Angelaki*, Oxford, Angelaki 1994, 1:3, pp. 43-50）。

豪沃思和诺弗尔：在你的著作中，错位策略已经发挥着越来越重要的作用。尤其是对于您宣称的"错位是自由的来源"更是如此。在这里，出现了关于错位和自由之间的关系以及自由本质的一些问题。我们主要关注的是，从错位到"自由"这个运动的性质。我们如何理解这种自由的性质？您将自己与那些强调"具有积极身份的主体的自由"（*New Reflections on the Revolution of Our Time*, Verso 1990, p. 60）的观点保持明显的距离，认为这里的自由是"结构性错误"。因此，自由没有积极的内容，只是"可能性"。然而从错位的角度看，这里没有自由。足以构成主体的结构的失效，迫使主体成为一个主体，做出决定，采取行动，重新识别。我们必须回应，我们不自由。因此，错位/自由的关系似乎可以被认为更有生产性，通过强调可能性的维度及其不可能性。与其说仅仅是在萨特意义上的自由行动和选择，不如说自由和可能性的时刻同时是我受到最大约束、不自由的时刻。考虑到后一维度——回到当代的情况——有助于理解错位的经验，它事实上不是积极和值得庆祝的。换句话说，你是否同意，强调恐怖和武力是自由的核心，必然是我们对严重错位所引起的可能性的描述的一部分？

19 拉克劳：我完全同意你的结论。正如你着重指出的，错位的经历不是事实上“积极的，值得庆祝的”。但这也意味着，如果自由和错位与我建议的方式相关——你似乎接受了——自由的经验是不明确的。因此，虽然正如我所说，我同意你的结论，但我不能认同你的论证的一个中间环节。你断言，因为结构的失效“强迫主体成为一个主体”，而当我们被迫回应时我们是不自由的。如果是这样，我们肯定会处在所有可能的世界中最好的一个：“错位”将扮演反面角色，而作为约束之完全缺乏的“自由”，将被保留为一个没有被污染的积极价值。但是，正如你自己所认识到的，这种无可挑剔的解决方案是不可能的：自由和错位不能以这种方式被分开。一方面，不强迫去选择错位的自由不是我的自由，而是已经把我当作一个主体构建起来的结构的自由；另一方面，自由是我的自由，它避免了斯宾诺莎式自由的陷阱，即沦为对必然性的意识，也避免了萨特式自由的陷阱，即作为一个选择者不再有任何基础去选择，而只能是结构的失效的自由，即错位的自由。在这种情况下，错位的模糊性（你所谓的“恐怖和武力是自由的核心”)污染了自由本身。自由既是解缚也是奴役，既令人振奋也带给人创伤，既有生成性也有破坏性。在一个分散和异质的社会中，自由空间肯定增加，但这也不是一个积极的现象，因为它也在那些空间中安装了自由的模糊性。结果，出现了比我们过去所知的更根本的放弃自由的可能性。如果自由和错位聚在一起，它就处在一种普遍自由的地域，使得一些经验，如当代极权主义的经验成为可能。如果是这样，即意味着寻求主体的绝对自由就等于寻求无限制的错位和社会结构的完全解体。即也意味着，已经成为可行的社会秩序的民主社会不再是一个完全自由的社会，而是以一种特别的方式应对自由 / 不自由的二元性的社会。

第二章

普遍主义、特殊主义和身份问题

20 大量关于社会的、种族的、民族的以及政治的身份的讨论充斥当下。不久前被傲慢地宣称的“主体之死”(death of the subject)现在已经通过一种新的和广泛的影响在多种身份中被继承下来，这些身份在当代世界中正不断地出现并迅速增殖。然而，这两个运动并没有处在一个我们一眼望去便会相信的彻底的和戏剧化的对比中。也许主体之死(“大写的主体”)已经成为重新赋予主体性问题以新的兴趣的主要前提条件。也许正是由于再也不可能把一种多重的主体性的具体的和有限的表现归于一个先验的中心，这才使我们把注意力集中在多样性本身成为可能。20 世纪 60 年代所开创的态势仍然伴随着我们，使我们今天从事的政治上和理论上的探索变得可能。

然而，如果在理论上可思考的东西和在事实上可实现的东西之间存在着暂时的裂缝，那么，这是因为一种第二位(the second)

的并且更微妙的诱惑时常萦绕在左派（the Left）知识分子的想象中：用与其对称的他者（other）来替换先验的主体，在一个客观总体中重新刻写未被驯服（undomesticated）的主体性的多重形式。从这里衍生出一个在我们当前的史前时期（immediate prehistory）相当盛行的概念："主体的位置"。当然，这还不是一种对先验主体性问题的真正超越。（的确，作为一种不在场缠绕着我们的某物，很大程度上是在场的。）"历史是一个无主体的过程。"或许如此。但我们是如何知道的呢？难道这个断言的可能性本身不是已经有赖于我们试图避免的东西吗？如果说，作为总体性的历史是 21
经验和话语的可能的客体，那么谁可以成为这样一种经验的主体而不是一种绝对知识的主体呢？现在，如果我们试图避开这个陷阱，并且否定使这个断言变得有意义的领域，那么成问题的恰恰是"主体的位置"这一概念。

除了是总体性里面的一个特殊位置，这个位置还能是什么呢？除了是一个绝对主体的经验客体，这个总体性还能是什么呢？恰好在绝对主体的领域崩塌时，一种绝对客体的**可能性**本身也崩塌了。在斯宾诺莎和黑格尔之间没有真正的替代方案。但是，这把我们置于一个非常不同的领域中：其中，主体 / 客体区分的可能性，仅仅是构建这两个概念的不可能性的结果。我是一个主体，恰恰是**因为**我不能是一个绝对的意识，因为某物构成性地与我相异；并且，鉴于这种晦暗 / 异化在客体中显示了主体的痕迹，不可能存在纯粹的客体。因此，一旦作为一种"认识论障碍"的客观主义消失了，那么阐明“主体之死”的全部含义则成为可能。就此而言，后者揭示了寓居其中的隐秘弊病，揭示了它们第二次死亡的可能性：“主体之死的死亡”；主体的重新出现是其自身死亡的结果；具体界限的增殖，其界限是它们力量的来源；因为“大写的主体”（the Subject）被认为应该去弥合的空隙，实际上是不可逾越的，所以可以有“主体”的实现。

这不仅仅是抽象的推断；它反而是由历史掷向我们的领域所打开的一种理智的方式：普遍主体的崩塌带来了新的（和已然没那么新的）多样身份——在东欧和前苏联境内种族和民族身份的激增，移民群体在西欧的抗争，美国的多元文化抗议和自我主张的新形式，对于这些，我们不得不去增加与之相关的新的社会运动论争形式。现在，问题出现了：难道这种增殖**只能被看作**一种增殖吗？亦即仅与其多样性相关吗？对这个问题最简洁的表达是：
22 特殊主义**只能**出于它所声称的差异维度而**被看作**特殊主义吗？普遍主义和特殊主义只是相互排斥的关系吗？或者，我们可以从相反的角度来讨论这个问题：一种在本质的客观主义和超验的主观主义之间进行的选择是否穷尽了与“普遍”之间的语言游戏？

这些都是我要讨论的主要问题。我不会假装有疑问的**位置**（*place*）不会影响问题的性质，并且后者不会预先决定那种被期待的答案。所有的道路并非都通向罗马，但通过坦陈我的介入所具有的倾向性，我会给予读者我所能给予的唯一自由：走出我的话语，并用与它完全不相容的术语拒斥它的有效性。因此，为了向你们提供一种**问题**成形时的构想而不是给出答案，我正从事一种权力斗争，它的名字叫：领导权。

让我们从已经被思考过的普遍性和特殊性之间的关系的历史形式开始。第一条途径断言，（1）在特殊和普遍之间有一条未被损害的分界线，（2）普遍一极完全可以由理性加以把握。在这种情况下，普遍性和特殊性是不可调和的：特殊只可能使普遍**堕落**（*corrupt*）。这是经典的古代哲学的领域。要么特殊本身使普遍现实化，也就是说特殊消除了作为特殊的自身，并且通过一种普遍在其上运作的透明中介转变自身；要么特殊通过声称自身的特殊主义来否定普遍（但是由于后者是纯粹非理性的，它没有自己的实体并且只能作为存在的堕落而生存）。这个明显的问题涉及划分普遍性和特殊性的边界：它是普遍还是特殊？如果是后者，那么普遍只能是一种特殊，这种特殊根据一种无限的排除来界定自身；如果是前者，那么特殊本身就会成为普遍的一部分，两者之间的界线就会再次模糊。但构想最后一个问题的可能性，要求普遍性的**形式**本身必须清楚地区别于它所关联的现实**内容**。然而，关于这种差异的思想在古代哲学中并不存在。

思考普遍性和特殊性之间的联系的第二种可能与基督教有关。一个总体性的观点是存在的，但它是上帝的观点，不是我们的， 23
所以它是人类理性难以企及的。我相信，因为这是荒谬的（*Credo quia absurdum*）。因此，普遍只不过是末世论演替的一个事件，我们只有通过启示才能接近它。这涉及特殊性和普遍性之间的关系的一个完全不同的设想。分界线不能像在古代思想中那样，居于理性和非理性之间，处在**事物**的深层和表层之间，而是处于两个系列的事件之间：一方面是那些有限的偶然的演替；另一方面是末世论的系列。由于上帝的计划是神秘莫测的，其深层不可能是一个具有理性形式的永恒世界，而是一种对人类理性来说晦暗不清的本质事件的暂时演替；并且由于这些普遍时刻的每一个都必须在一种与它们没有共同尺度的有限现实中实现自身，这两个秩序之间的关系也必然是晦暗难解的。我们将这种关系称为化身，其显著特征是，普遍与使它具体化的身体之间没有任何理性的联系。上帝是唯一的和绝对的中介。一个注定对我们的智性传统有深远影响的微妙逻辑以这样的方式开始：**历史的特权代理人**（*privileged agent of history*）的逻辑，这个代理人的特殊身体是对一种超越它的普遍性的表达。一个"普遍阶级"的现代观念和欧洲中心主义的各种形式，只不过是化身逻辑的遥远的历史效应。

然而，事实并非完全如此，因为在很大程度上，现代性在其最高点上试图打断化身的逻辑。作为现存的一切的绝对来源，上帝普遍担保人（guarantor）的功能被理性所取代，但是一种**理性的**基础和来源有其自身的逻辑，它与那种神圣的介入不同——主要的区别就是，一种理性奠基的效应必须对人类理性完全透明。现在，这个要求与化身的逻辑完全不相容了。对理性来说，如果一切都必须是透明的，那么，普遍和使它具体化的身体之间的联系也不得不如此，在这种情况下，被具体化的普遍与使之具体化的身体之间的不可通约性必须被消除。我们必须假设一个完全就是普遍之物的身体。

这些含义的完全实现经历了几个世纪。笛卡尔提出一种二元 24
论，在这种二元论中，一种完全理性化的理想仍然拒绝成为一种重组社会和政治世界的原则；但是，启蒙运动的主要趋势是在过去和一个理性的未来之间建立一种尖锐的边界，过去是人类的错误和愚蠢的王国，未来必定是一种绝对的制度行为的结果。当理性与非理性之间的裂缝通过对其进行取消的表象运动（这一运动是理性自我发展的必然阶段）而弥合时，这种理性主义的领导权推进过程中的最后一个阶段就发生了：这是黑格尔和马克思的任务，他们声称，在绝对的知识中有完全透明的理性之真实。无产阶级的身体不再是一个特殊的身体，一种外在于它的普遍性必须被具体化：它反而是这样一种身体，其中特殊性和普遍性之间的区别被取消了，并且，结果是，任何化身的需要都被彻底根除了。

然而，正是在这一点上，社会现实拒绝放弃它对普遍主义的理性主义的抵抗，一个悬而未决的问题依然存在。普遍发现了它自己的身体，但这仍然是某种特殊性的身体——19世纪的欧洲文明。因此，欧洲文明是一种特殊的文明，同时也被认为是对普遍人类本质（苏联后来被认为是社会主义的“故乡”）的表达，而不再是化身。假定欧洲普遍主义已经通过取消化身的逻辑，并且通过使其自身的特殊主义得以普遍化而建构自身的身份，那么这里的关键问题是，并没有一种理智的方法来区分欧洲特殊主义与普遍的功能，而这种普遍的功能被认为是具体化的。因此，欧洲的帝国主义式的扩张必须被呈现为一种普遍的教化功能，呈现为一种现代化，诸如此类。其他文明的反抗并不是作为特殊的身份和文明之间的斗争而呈现出来，而是作为普遍性和特殊主义之间包罗万象的和时代性的斗争的一部分而呈现出来——“无历史的人民”这一观念准确地表达了他们在表现普遍性方面的无能。

这种说法可以在非常明确的种族主义术语中被设想，就像
25 在各种各样的社会达尔文主义中那样，但它也可以出现在一些更加“进步”的版本中——如在第二国际的一些部门（sectors）中——通过断言，欧洲文明的使命将伴随着一个现世维度的、普遍的、自由的社会的建立而完成。化身的逻辑再一次被引入——在一定时期内，欧洲不得不代表普遍的人类利益。在马克思主义这里，一个类似的关于化身的逻辑再次被引入。在工人阶级任务的普遍性特征与任务的具体要求的特殊性之间，一个日益增长的裂缝被打开了，而这个裂缝必须由作为无产阶级历史利益之代表的政党来填充。自在阶级和自为阶级之间的裂缝打开了这条通向连续更替的道路：政党取代了阶级，独裁取代了政党，等等。现在，这种众所周知的通过这些连续的身体所具体化的普遍的迁移，在一个关键点上与基督教的化身有所不同。对于基督教的化身来说，一种超自然的力量既对普遍事件的降临负责，又对使基督具体化的身体负责。人类平等地面对着一种超越他们所有人的力量。然而，在世俗的末世论中，由于普遍的来源不是外在于而是内在于

这个世界，普遍只能通过在社会代理人的客观位置之间建立一种**本质性的**不平等而表现出来。有些人将是历史变革的特权代理人，不是出于一种偶然（contingent）的力量关系，而是因为他们是普遍的化身。在欧洲中心主义那里运作的同类型逻辑将建立无产阶级的本体论特权。

由于这个本体论特权被认为是一个完全理性的过程的结果，它被加倍看作一种认识论特权：无产阶级的观点取代了主体 / 客体的对立。在无阶级社会，社会关系最终将完全透明。的确，如果资本主义制度下的社会结构已经按照马克思所预言的不断简化，那么这种方法的后果不一定是极权主义的，因为作为社会总体性观点的赞成者，无产阶级的位置和绝大多数人的位置本应该会重叠。但是，如果该过程向相反方向运动——它实际上已经发生了，那么，使普遍阶级的观点具体化的连续性的身体，必须有 26
一个日益受限的社会基础。作为具体的特殊性的先锋政党不得不声称了解任何事件的“客观意义”，并且其他特殊社会力量的观点也不得不作为错误的意识被清除。从这一点来看，独裁的转向就是不可避免的了。

整个故事显然会导致一个不可避免的结论：普遍与特殊之间的差距是不可逾越的——这就像是说，普遍只不过是在某些时刻占据了主导优势的特殊，也绝无可能达成一个和谐一致的社会。而且，事实上，正如之前所说的那样，随着特殊主义的扩散，我们正遭遇着 20 世纪 90 年代的社会和政治斗争的景象，而普遍性的观点作为过时的极权主义梦想越来越多地被我们抛弃在一旁。然而我认为，在当代社会所面对的这些难题，我们是无法通过诉诸纯粹的特殊主义得到解决的。首先，纯特殊主义的断言——独立于任何内容和诉诸一个超越它的普遍性——是自我击溃的计划。如果这是唯一可以接受的规范性原则，那这将使我们面临一个无法解决的悖论。我可以以特殊主义的名义维护性别上的、种族上的和民族上的少数人的权利；但是，如果特殊主义是唯一有效的原则，那么我也必须承认所有进行反社会实践的反动组织的自决权。甚至说，由于各种各样的组织的需要必然彼此冲突，我们必须诉诸——除非假定某种预定的和谐——一些更普遍的原则以规范这些冲突。事实上，任何特殊主义在构建自己的身份时都会诉诸这些原则。这些原则可以被我们评估为进步的，如人民的自决权——或者是反动的，如社会达尔文主义或生存空间（*Lebensraum*）[1] 的权利——但由于某些本质性的原因，他们总会存在。

对于为什么纯粹的特殊主义是自我击溃的，或许还有第二个更重要的原因。为了更好地讨论这个论题，让我们接受前面提到
27 的预定和谐是可能的。在这种情况下，各种特殊主义将不会处在一种彼此对抗的关系中，而是彼此共存在一个一致的整体中。这一假说清楚地展现了，为什么关于纯粹的特殊主义的论证最终是

1 这里的生存空间是指德国纳粹分子提出的国土之外可控制的领土和属地。

前后矛盾的。因为，如果每一个身份都与所有其他的身份处于一种有差别的、非对抗的关系中，那么我们所讨论的身份问题就是纯粹有差别的和关系性的；所以它不仅预设了所有其他身份的存在，而且预设了将差别建构为差别的总体性基础。更糟糕的是，我们很清楚，群体之间的关系被构建为权力的关系——也就是说，每一个群体不仅不同于其他的群体，而且在许多情形中基于对其他群体的排除和与其他群体的从属关系而构成这种差别。现在，如果特殊性将其自身断定为纯然的特殊性，那么在一种与其他特殊性的纯粹的差别关系中，它就会接受这种群体之间的权力关系的现状。这恰恰是在种族隔离中形成的“分离发展”的观念：仅仅强调差别的方面，而后者所基于的权力关系却被系统地忽视了。

最后一个例子是重要的，因为它来自一个与我们正在讨论的新的特殊主义完全相反的话语领域——南非种族隔离——但揭示了在建构任何差别的过程中所具有的同样的模棱两可，打开了一条理解一个通常被忽视的特殊主义 / 普遍主义关系的维度的道路。基本的要点在于：我不能在没有把一个身份从一个语境中区分出来的情况下断言它，并且，在做出区分的过程中，我同时也在断言语境。反过来也是成立的：我不能摧毁语境，除非与此同时我也摧毁了完成这种毁坏的特殊主体的身份。这是一个众所周知的历史事实，即一种身份被建构于某种权力系统之内的反对势力在面对这种系统时是模棱两可的，因为后者阻止这种身份的构建，同时也是这种身份存在的条件。此外，所有对系统的胜利也都会动摇获胜的力量的身份。

现在，这种说法的一个重要推论是，如果一种完全实现了的
28 差异消除了构成所有身份的对抗性维度，那么维持这种维度的可能性就依赖于在完全构建一个差别身份上的失败。正是在这里，“普遍”（universal）进入我们的视野，让我们假设正在处理一个少数民族的身份构成。正如前面所说，如果这种差异身份完全实现，它也只能在一个语境中实现——例如，一个民族国家——且**在这个语境中**完全胜利的代价是与其完全融合。相反，如果总体的融合**没有**发生，这是因为身份没有完全实现——例如有关教育、就业、消费的权利等需求未得到满足。这些需求不能根据差异来制定，而要根据某些少数民族与共同体中的其他人共享的普遍原则来制定，即每个人都有权利接受好的教育，过上体面的生活，以及分享公民身份的公共空间等。

就我被一个构成性的缺乏渗透来说，亦即就我的差别身份在构成的过程中失败了来说，这意味着普遍性是我的身份的一部分。普遍不是作为某种引起和解释特殊的原则而出现在特殊中，而是作为一种缝合脱位的特殊身份的不完整视域而出现的。这指出了一种构想普遍与特殊之关系的方式，这种方式不同于我们早先探讨过的方式。在化身的逻辑中，普遍与特殊是完全构成的但彻底分离的身份，它们的联系是一种神圣介入的结果，是人类理性所不能理解的。在世俗末世论中，特殊必须被完全消除：普遍阶级被认为取消了所有差异。在极端特殊主义中，没有普遍的身

体——但是，当非对抗的特殊全体纯粹并且简单地重构了社会总体性观念，经典的普遍观念丝毫没有受到质疑。（一个被构想为由其内在的链接进行区分的同质化空间的普遍，与一个构成统一全体的差异**系统**是完全一样的。）现在，我们将指出第四种选择：普遍是一个缺席的完满的象征，特殊仅仅存在于一种矛盾运动中，这种运动主张一种有差别的身份，同时通过把它归入一种无差别的中介物而取消它。

我将在本章的余下部分讨论三个重要的政治结论，它们源于 29
这第四种选择。首先，在对外在于它们的东西完全封闭的基础上建构有差别的身份不是一种有价值的或进步的政治选择。例如在当今的西欧，这将是一种反动的政策：来自北非或牙买加的移民放弃参与西欧的制度，自认为他们拥有一种不同的文化身份，无须关心欧洲的制度。这样一来，从属和排斥的所有形式都会出于维持纯粹身份的理由而得到巩固。种族隔离的逻辑不仅仅是一种占统治地位群体的话语，正如我们之前所说的，它也渗透进受压迫群体的身份。在其界限处，被理解为**仅仅是**差异的压迫者和受压迫者的话语无法得到区分。其原因我们在早先的时候已经给出了：如果受压迫者根据其与压迫者的差异被定义的话，那么这样一种差异就会是受压迫者身份的一个本质组成部分。但是，在这种情况下，受压迫者如果不主张压迫者的身份，就无法主张自己的身份：

> 求助于纯粹差异，解放身份，让其不依赖于否定性，当然有许多危险。而最大的危险莫过于堕入关于一个美丽灵魂的各种不同的表现当中：只保留那些可以调和、可以联合的差异，从而远离了血腥的斗争。美丽的灵魂会说：我们是不一样的，但不是对立的……[1]

隐含在这种矛盾的辩证概念中的“否定”观念无法带领我们超越这种纯粹差异的保守逻辑。这种否定是一种肯定内容的限定部分，它同样是后者的一个不可或缺的部分。这就是黑格尔的《逻辑学》所表现出来的两个方面：一方面，这种颠倒所界定的思辨命题意味着谓词变成主词，意味着普遍性通过所有特殊的限定的“循环”而超越后者；另一方面，这种循环的方向被特殊限定本身的运动所支配。辩证法的否定性丝毫不会质疑身份的逻辑（亦即纯粹差异的逻辑）。

这显示了所有形式的根本对立中固有的模棱两可：为了变得根本，对立必须把它所宣称的和所排除的东西置于一个共同的基
30 础上，这样排除就变成了一种特殊的宣称形式。但是，这意味着一种特殊主义如果要真正致力于改变，只能通过同时拒斥否定其身份的东西和其身份本身。没有一种明确的方案来解决这个悖论，即既彻底地否定一种权力系统，又秘密地依赖它。众所周知，某些权力形式的对立需要与对立所发生的场所相一致；然而，由于后者内在于对立的系统中，在**所有**的对立中都有某种保守主义。

这是不可避免的，原因就在于，在**所有**的对抗关系中都有一种固有的模棱两可，我们能够与之协商，却不能真正地取代它——通过阻止任何一方以一种排他的方式占据优势，我们可以在模棱两可的两面之间进行游戏并制造一些结果，但是这种模棱两可本身不能得到恰当的**解决**。超越一种模棱两可，包含超越它的两极，但是这意味着将不会有维持一种身份的单纯政治。例如，如果种族的或文化的少数群体不得不在一种新的社会环境中坚持其身份，那么它将不得不把那些将会不可避免地改变其身份的新情境考虑进去。当然，这意味着抛弃作为激进颠倒的否定观念。[2]随之而来的主要后果是，如果差异政治意味着总是作为一个**他者**的差异的连续性，对他者的反对不能彻底消除他者，而只能对他者的在场形式进行不断地重复协商。阿莱塔·J. 诺弗尔近来提出了有关后种族隔离社会的身份问题：

> 问题在于：认识到在一种种族隔离本身将变成某种过去之物的情境中，他者的身份是自我的构成部分，这暗示着什么？也就是说，我们如何思考后种族隔离的社会和政治身份？

他随后主张：

> 如果他者只是在种族隔离获得其所指的运动中被反对

> 并完全外化，我们将颠倒这种秩序，但实际上仍处在种族隔离所组织和控制的领域中……

31 他指出了一种不同的可能性：

> 通过回忆作为他者的种族隔离，后种族隔离能够变成这样一种场所，在这种场所中，身份的最后闭合和缝合都将被阻止。只有种族隔离本身作为后种族隔离的他者而悖谬性地呈现在后种族隔离的社会中，后种族隔离社会才能彻底超越种族隔离。并不是要一劳永逸地抹除种族隔离，"种族隔离"本身必须扮演持续打开与他者的关系的要素的角色，并且在反对任何宣称能够创造一个最终统一体的话语中扮演口号的角色。[3]

我们可以拓展下这一论断。一切都取决于两种同等可能的运动，这两种运动导致对压迫的抑制开始了。没有人能够避免对"他者"的指涉，但他们是用两种完全不同的方式这样做的。如果我们只是**反转**（*invert*）这种压迫的关系，那么他者（此前的压迫者）就成了现在的被压迫者和被抑制者，但是这种**内容**（*contents*）的倒置并未改变压迫的形式。并且，因为这种新近被解放的群体的身份是通过反对旧的统治群体而得以建立的，后者仍继续塑造着前者的身份。颠倒的操作完全发生在旧的**形**

式的（*formal*）权力系统内。但是，正如我们所看到的，所有的政治身份在其内部都是分裂的，因为除非保持一种对正在消失的普遍性的内在指涉，没有特殊性能被构建。在这种情况下，压迫者的身份同样是分裂的：一方面，他代表一种特殊的压迫体系；另一方面，他象征这样的一种压迫**形式**本身。这就是使诺弗尔的文本中所提出的第二个步骤成为可能的东西：不是在一种具体的特殊性中颠倒一种特殊的压迫/闭合关系，而是在一种普遍性中颠倒这种关系，即颠倒压迫和闭合的**形式**本身。对他者的指涉在这里同样被维持，但就颠倒发生在对一个压迫系统的普遍指涉的层面而非其具体内容的层面而言，压迫者和被压迫者**这两者**的身份都将被彻底改变。本雅明参照索雷尔（Sorel）在政治罢工与无产阶级罢工之间做出的区别提出了一个类似的观点：政治罢工的目的是获得改变一个权力系统的具体改革，从而构建起一种新的权力，而无产阶级罢工的目的是毁灭这样的权力本身，毁灭这种权力的形式，在这个意义上，无 32
产阶级的罢工没有任何特殊的目标。[4]

这些评论允许我们阐明在当前保卫多元文化主义的斗争中可以遵循的不同的行动路径。一种可能的方式就是，简单地肯定不同的文化和种族群体维护自身差异的权利和独立发展的权利。这是种族自我隔离的道路，它有时还伴随着这样的宣称，即宣称西方的文化价值和制度是对白人、欧洲男性或者英裔美国人的保护，与生活在同一区域的其他群体的身份无关。以这种方式被提倡的是总体的种族隔离主义，仅仅是一种特殊主义与另一种特殊主义的对立。现在的事实是，作为其自身的一个维度，所有对特殊身份的宣称都涉及对一种独立实存的权利的肯定。但正是在这里，难题出现了，因为这种隔离——或者更确切地说，是这种区分的权利——必须在全球共同体中被宣称，也就是说必须在一个特殊群体不得不与其他群体共存的空间中被宣称。现在，在没有共享的价值的情况下，在没有对于比所有特殊群体都大的共同体的归属感的情况下，共存何以可能？人们有时会说，所有协议都应通过**协商**达成。但是，协商是一个模棱两可的术语，它可以意味着非常不同的事情。其中之一意味着一个互相施压和妥协的过程，其结果只依赖于对抗性群体间力量的平衡。显然，没有哪种意义上的共同体可以通过此类协商被构建起来。群体之间的关系只能是一种潜在的战争。如果想取得和平，就必须准备战争（*Vis pacis para bellum*）。这与列宁主义阶级同盟概念中所隐含的关于群体间协议的本质的概念相去不远：该协议仅涉及偶然的事项，但是进入其中的力量的身份依旧免受协商过程的影响。将其转化至文化领域，对一种极端隔离主义的肯定导致了资产阶级科学与无产阶级科学之间的巨大差异。葛兰西清楚地认识到，尽管各种极为不同的社会力量必须进入一个对领导权身份的建构中，但是这样一个协商和同盟的概念不会产生任何集体的意志和共同体的
33 意义。极端特殊主义的捍卫者所面临的困境是，他们的政治行为总是基于一种永恒的不连贯性。一方面，他们将这种差异的权利

捍卫为普遍的权利，而这种捍卫包括参与为改变立法，为保护议会中的少数派，为反对对民权的侵犯所做的斗争。也就是说，他们参与对现存制度背景进行内部改革所做的斗争。另一方面，他们既声称这种背景必然植根于西方传统的统治部门的文化和政治价值，同时又声称**他们与那种传统无关**，因此他们的要求不能被链接进任何更广泛的领导权运作中以对系统进行改革。这就迫使他们与现存的制度构成模糊的边缘性关系，它只能使政治的效用瘫痪。

然而，这不是那参与特殊主义斗争的人唯一可能的行动路径——这是我们的第二个结论。正如我们已经看到的，一个压迫的（闭合的）系统可以通过两种方式被反对——要么是通过一种颠倒的运作来实行一种新的闭合，要么在那个体系中否定其普遍的维度，即闭合的原则本身。说西方的普遍主义价值属于传统的统治群体的势力范围，非常不同于说：这二者之间的历史联系是一种偶然且不可接受的事实，而这种事实可以通过政治和社会斗争得到修正。当玛丽·沃斯通克拉夫特（Mary Wollstonecraft）在法国大革命之后捍卫女性权利时，她并没有将女性被排除在人权和公民权之外作为后者本质上是男性权利的证明，而是相反地试图通过展现被局限在特殊人口内的普遍权利的不连贯性来深化民主革命。如果民主进程对大量在传统上被排除在外的人口——如少数派、民族群体等——的需求负责，那么当今社会的民主进程就可以在相当大的程度上得到深化和扩展。自由主义

的民主理论和制度都必然在这个意义上被解构，他们最初设想的社会比现在的社会更加同质化，他们所基于的各种未明言的假设
34 无法在当前的情境中获得。当今的社会和政治斗争使这种发生在不可决断的领域中的决赛游戏处于显要地位，并帮助我们转向一种完全适应当前环境的新的民主实践和新的民主理论。政治参与会带来政治和社会的一体化这当然不假，但根据我们之前给出的理由，政治和文化的分离也会造成完全相同的结果。总之，西方国家提倡取消种族隔离的能力的下降使政治上的因循守旧成了一个很可能无法被克服的东西。我认为，通过我们可以称之为西方的系统性去中心化的运作，普遍主义与特殊主义之间尚未解决的张力开辟了一条远离西方欧洲中心主义的道路。正如我们所看到的，欧洲中心主义是一种话语的结果，这个话语并没有区分西方所提倡的普遍价值与将它们具体化的具体社会代理人。而现在，我们可以将这两方面分开。如果新的社会行动者的社会斗争表明，社会的具体实践将我们的政治理想的普遍主义限制在有限的人口中，那么在拓宽其应用领域的同时保留普遍的维度则成为可能——反过来，它也将确定这种普遍性的具体内容。通过这一过程，在普遍主义作为一种视野而扩大的同时，其对所有特殊内容的必要依附也被打破。相反的策略——将普遍主义当作西方民族的特殊内容而整体地加以拒斥——只会通向政治上的死胡同。

然而，这给我们留下了一个明显的悖论——对它的分析将成

为我的最后结论。正如我们已经看到的那样，普遍并没有一个自身的具体内容（这将终止它本身），但它总是一个逐渐后退的视域，这个视域来自一种同等要求的无限链条的扩张。结论似乎是，普遍性与任何特殊性都不相容，然而普遍性不能离开特殊性而存在。根据我们前面的分析：只要特殊行动者，或一系列特殊行动者可以在任何时刻实现普遍，那么在这种情况下，使后统治社会——即一个试图超越统治的形式本身的社会——所固有的非封闭性变得可见，取决于特殊性和普遍性之间永恒的非对称性。普遍性与这种特殊性不相容，然而不能离开后者而存在。这个关 35
系是如何可能的呢？我的回答是这一矛盾不能得到解决，但是它的无法解决恰恰就是民主的前提。这一悖论的解决将意味着一个特殊的身体已经被发现，这将是普遍的**真**身。但在这种情况下，普遍将发现其必然的位置，那么民主将是不可能的。如果民主是可能的，那么这是因为普遍没有必然的身体和必然的内容；相反，不同的群体彼此竞逐，以暂时性地赋予他们的特殊主义一种普遍代表功能。社会形成了一整套空洞能指的词汇，其暂时性的所指则是一种政治竞争的结果。这是社会将其自身构建为社会的最终失败——这与将差别构建为差别的失败是一回事——它使得普遍与特殊之间的距离无法弥合，以及随之而来的，使具体的社会代理人担负起实现民主互动这一不可能完成的任务。

注释

[1] Gilles Deleuze, *Différence et Répétition*, Paris, Presses Universitaires de France 1989, p. 2.

[2] 在我最近的著作中，正是在这一点上，我试图通过先在于任何对抗表现的错位观念去补充根本对抗的观念——仍然涉及一个根本可表现性的可能性。关于这种二元性的一些维度，博比·赛义德（Bobby Sayyid）和莉莲·扎克（Lilian Zac）在关于“意识形态与话语分析”的博士研讨会（埃塞克斯大学，1990 年 12 月）上发表的一份简短的书面演讲稿中进行了探究。

[3] Aletta J. Norval, ‘Letter to Ernesto’, in Ernesto Laclau, *New Reflections on the Revolution of our Time*, London, Verso 1990, p. 157.

[4] Cf. Walter Benjamin, ‘Zur Kritik der Gewalt’, in R. Tiedemann and H. Schweppenhauser (eds.), *Gesammelte Schriften*, 179, 1977. See a commentary on Benjamin's text in Werner Hamacher, ‘Afformative, Strike’, *Cardozo Law Review*, vol. 13, no. 4, December 1991.

第三章

虚空能指为何对政治重要?

“虚空能指”的社会生产

严格来说,虚空能指是指一种没有所指的能指。然而,这个 36
定义也表明了一个问题。一个能指不依附于任何所指,并且,尽管如此,它在一个意指(signification)系统内仍作为一个不可缺少的部分保留下来,这是如何可能的呢?虚空能指是一种声音序列,如果后者被剥夺了任何意指功能,那么“能指”术语本身将变得过量(excessive)。一个声音流既与任何特定的所指相分离,同时又依旧保持为一个能指的唯一可能性,即通过一种虚空能指的可能性所涉及的符号的颠覆,某种内在于意指本身的东西得以实现。那么,这一可能性是什么?

一些虚假的答案可以被迅速地丢弃。有人会认为同一能指在不同的语境中可以依附于不同的所指(作为符号任意性的一种结果）。但是，在这种情况下，很显然能指不是**虚空的**而是**模棱两可的**（*equivocal*）：在每个语境中意指功能都会被完全实现。第二种可能性是，能指不是**模棱两可的**而是**模糊不明的**（*ambiguous*）：或是一种所指的多元决定论（overdetermination），或是一种所指的决定不足 (underdetermination)，它们都能阻碍能指的完全固定。然而，这种能指的浮动仍然不能使它成为一种虚空的能指。尽管这种浮动带领我们一步步走向问题的相关答案，但是后者的说法仍然被规避掉了。我们不必应对意指的过量或者不足，而是要认真对待在意指的过程中，指向其自身界限的话语所呈现的精确的理论可能性。

37 因此，只有出现这样的情况，虚空能指才能出现，即意指自身存在着一种结构上的不可能性，并且这种不可能性把它自身意指为一种符号结构的中断（颠覆、扭曲等）。也就是说，意指的界限只能将它们自身宣称为在那些界限内部实现的不可能性——如果这些界限能够以一种直接的方式被表明，那么它们就是内在于意指自身的，并因此不再是界限。

一种最初的和纯粹形式的思考有助于我们澄清这一点。我们知道，对索绪尔来说，语言（并且通过扩展，所有意指系统）是一个差异系统，语言的身份——价值——是纯粹关系性的，并且作为结果，语言的总体性卷入每一个单独的意指行为中。现在，在这种情况下，很明显这种总体性在本质上是被需要的——如果差异没有构成一个系统，那么没有任何意指是可能的。然而，问题是意指的可能性在于系统，而系统的可能性在于其系统界限的可能性。借助于黑格尔，我们可以说思考事物的界限就是思考什么超越了这些界限。但是，如果我们讨论的是一个**意指系统**的界限，那么很明显的是，这些界限自身不能被表明，而不得不将自身**展现**为意指过程的**中断**或**崩溃**。因此，我们被滞留在一种自相矛盾的情境中，构成意指系统可能性的条件的东西——它的界限——同时也是构成其不可能性的条件的东西——意指过程不断扩展的障碍。

这种情境带来的第一个并且最重要的后果是，真正的界限绝不可能是中立的界限，而是预设了一种排除。一个中立的界限在本质上是与其两侧的东西保持一种连贯性的界限，并且它的两侧只是彼此不同。然而，由于意指的总体恰好是一个差异系统，这就意味着它们双方都是同一个系统的一个部分，并且两个能指之间的界限绝不是系统的界限。相反，在拥有一种排除的情况下，我们拥有真正可信的界限，因为位于排除的界限另一侧的东西的实现将使位于界限这一侧的东西变得不可能。真正的界限总是对抗性的。但是排除性界限的逻辑的运作会产生一系列必然的效应，它蔓延到这些界限的两侧，并且它将直接把我们引向虚空能指：

1. 这种排除性的界限的第一个效应是，它在由那些界限构成 38
的差异系统内引入了一个本质性的矛盾。一方面，系统中的每一个元素因其彼此之间的差异，才能获得一个身份：差异 = 身份。

然而，另一方面，由于所有的差异都属于排除的边界的这一侧，这些差异彼此之间都是等价的。但是，在这种情况下，每一个元素的身份都是构成性地分裂的：一方面，每一个差异都将自身作为差异表达出来；另一方面，它们中的每一个通过进入一个与系统的所有其他差异的等价关系中自行**抵消**。而且，既然只有存在彻底的排除才能存在系统，那么这种分裂或者矛盾对于所有系统的身份来说都是构成性的。只有一个系统的彻底的不可能性在场——超越一切排除——现实的**系统**（复数形式）才能够存在。现在，如果这种系统的系统性是排除性界限的直接后果，那么只有这种排除才能奠基系统。这一点是本质性的，因为从这里可以得出结论，系统不可能有一个肯定的基础，并且，作为一个结果它不可能在任何肯定的所指术语中表明自身。让我们暂时假设，系统性的全体是其中的所有元素共享肯定特征的结果（例如，它们都从属于一个区域范畴）。在这种情况下，这种肯定特征将有别于其他差异化的肯定特征，并且它们都会诉诸一个更深层次的系统性的全体，而在这个系统性的全体中，它们的差异将会被认作差异。但是这种通过彻底排除而构成的系统中断了差异逻辑的运行：被排除在系统之外的，远非一些肯定之物，而是纯粹存在的简单的肯定性原则。这已经宣布了一种虚空能指的可能性——它是关于所有差异被纯粹消除的一种能指。

2. 当然，使这种运作成为可能的条件是，超越排除的边界之物被还原为纯粹的否定性——也就是被还原为一种超越系统之物对系统（构成它的那种方式）造成的纯粹威胁。如果排除性维度消失了，或者甚至只是弱化了，那么将会发生的情况是——“超越”的差异化特征将会强化自身，并且系统的界限将会变得模糊。只有当这种超越变成纯粹威胁的能指，纯粹否定性的能指，以及简单的被排除之物的能指时，界限和系统才会存在（这是一种客观的秩序）。但是为了成为被排除之物（或者简单的排除）的能指，
各种被排除的范畴必须通过一系列等价链条的形成消除它们的差 39
异，这些等价链条是系统为了表明自身而表现出来的。这里，我们再次看到了一种虚空能指通过某种逻辑——在这种逻辑中，差异陷入等价链条之中——宣称自身的可能性。

3. 但是，我们可以自问，为什么这种纯粹的存在或这种系统的系统性，或者——它的反面——被排除之物的纯粹否定性，需要通过虚空能指的生产来表明自身呢？答案是，我们正试着去表明意指的界限——拉康意义上的实在界，如果你愿意这么称呼的话——而除非通过意指过程自身的颠覆，没有直接的方式可以做到这点。通过精神分析，我们知道不能被直接表现之物——无意识——是如何只是作为表现意指过程的颠覆的一种方式而被发现的。每一个能指通过使自己依附于一个特殊的所指——将自身铭刻为一种意指过程内的差异——来构成一种符号。但是如果我们试图去表明的不是一个差异，相反是一种彻底的排除，这种排除构成了所有差异的基础和条件，那么在这种情况下，任何又一个差异的生产都不能获得成功。然而，由于所有表现的方式在属性

上都是有差别的，只有意义单元的差别属性被颠覆，只有这些能指清空了它们自身对特殊所指的依附，并承担起表现系统的纯粹存在——或者，不如说作为纯粹存在的系统——的角色，这样的意指才是可能的。这种颠覆的本体论基础是什么呢？什么使这种颠覆成为可能呢？答案是，每个意义单元的分裂，系统必须被构建为不确定的场所，在这种不确定的场所中差异逻辑和等价逻辑同时在运作。只有把等价维度置于一种优先地位，直至它的差别属性都被抹去——也就是清空其差别属性——系统才能作为一种总体性表明自身。

在这里必须强调两点。第一点，通过虚空能指表现出来的系统的存在或系统性不是一种还未被**真正**实现的存在，而是一种构成性地无法被达到的存在，因为无论什么样的系统性效应——正如我们已经看到的——都将是等价与差异之间不稳定的妥协的结
40 果。也就是说，我们面临一种构成性的缺乏，一种不可能的对象，在康德看来，这种对象通过充分表现的不可能性来呈现自身。在这里，我们可以为最初提出的问题提供一个完整的答案：在意指的领域内可以存在虚空的能指，因为任何意指系统都是围绕着一个虚空的位置建构起来的，这个虚空的位置是由于生产一个不可能的对象而形成的，而这个对象又是该系统所需要的对象。因此，我们并不是在应对一种没有位置的不可能性——就像在一种逻辑上矛盾的情况下——而是在应对一种**肯定的**不可能性，一种**真实**

的不可能性，一种虚空能指中的 x 所指向的不可能性。

第二点，如果这种不可能的对象缺少充分的或直接的表现方式，那么这只意味着这种能指——它被掏空以便去承担表现的功能——是构成性地不充分的。在这种情况下，是什么决定了是这个能指而不是另一个能指在不同的环境中承担意指功能？在这里，我们必须转向这篇文章的中心主题：虚空能指与政治之间的关系。

领导权

让我们回到在《领导权与社会主义的策略》（*Hegemony and Socialist Strategy*）这本书中详细讨论过的一个例子：对于罗莎·卢森堡（Rosa Luxemburg）来说，工人阶级统一体是通过一种长期的局部斗争的多元决定构建起来的。她的基本观点是，阶级的统一体不是由一种先验的关于经济斗争或政治斗争的优先性的思考决定，而是由所有局部动员的内部分裂的累积效应决定的。联系到我们的主题，她的观点与以下的大致相当：在极端压迫的情境中，任何为达成某种局部目标所做的动员不仅被视为与这个斗争的具体要求或目标有关，而且被视为一种反抗系统的行为。这一事实建立起各种具体的或局部的斗争与动员之间的连接——它们全部被视作彼此相关的，不是因为它们的具体目标在本质上是相关的，而是因为它们在与压迫政体的对抗中被视作等价的。因此，使它

们成为统一体的、为它们所共有的，不是肯定性的东西，而是某
41 种否定性的东西：它们与一个共同的敌人之间的对抗。卢森堡的观点是，革命大众的身份是通过在整个历史时期内多个分离的斗争的多元决定而确立的。在革命的时刻，这些传统在一个决裂点上融合。

让我们试着把先前的范畴应用到这个序列中，所有具体斗争的意义（所指）从一开始似乎就是内部分裂的。斗争的具体目的不仅在其具体性，它也表示了对系统的反对。第一个所指确立了其要求和动员相对于所有其他要求和动员的差异性特征。第二个所指在所有这些要求与系统的共同对立中确立了这些要求之间的等价性。正如我们所看到的，任何具体的斗争都被这种同时维护又取消其自身奇特性的矛盾运动所决定。因此，将系统表现为一个总体性的功能，取决于等价功能恰好压倒差异功能这一可能性；但是这种可能性只是由于单个斗争总是原本就已经被这种构成性的模棱两可所穿透。

正如我们先前已经确立的，如果差异能指的功能放弃了它们的差异身份以便表现一个共同体空间本身的纯粹等价身份，那么它们就不能建构这种作为从属于一种差异秩序之物的等价身份，观察到这一点很重要。例如，可以如我们所愿，通过列举沙皇强加于各大众团体之上的不同种类的压迫，来把沙皇政权表现为一种压迫性的秩序；但这种列举并不能给予我们这种压迫时刻的特性，这种压迫时刻——在其否定意义中——构成了实体之间的压

迫关系所特有的东西。因为，在这样一种关系中，压迫力量的每一种实例都被视作否定被压迫团体之身份的纯粹载体。现在，如果压迫行为的差异身份，通过将自己转化为对另一实体之存在的否定的纯粹化身，使自己从自身中“远离”，那么，很显然这种否定与表达这种否定的化身之间不存在必然的联系——没有什么东西能够预先决定哪一个特殊的身体应该注定成为否定本身的化身。

正是这一点让等价链条成为可能：不同的具体斗争涉及许许多多的身体，这些身体可以无差别地成为反对压迫性权力的化身。 42
这包含了一个双重运动。一方面，等价链条越是延伸，具体斗争越是不局限于差异化的自我，即某种身份不会通过其独有的差异，将自己与其他各种差异身份分离开来。恰恰相反，这些等价关系说明了这些差异身份仅仅是一些无差别的身体，它们体现了在所有的身体中都同样出现的东西，而等价链条越长，“同样出现的东西”就越不具体。在极端情况下，它将是独立于所有具体表现形式的纯粹共同体的存在。另一方面，超越界定了共同体空间之边界的排除的东西——压迫的力量——将不再被视作特殊差异压迫的工具，而将会表达纯粹的反-共同体，纯粹的恶和否定。因此，这种等价的延伸所创造的共同体将会变成关于不在场的共同体之完满的纯粹观念——作为压迫力量的在场的结果。

但是，在这一点上，第二种运动开始了。这种表现了一种不在场的完满——这种不在场的完满通过所有差异身份的瓦解来展现自身——的纯粹等价功能是一些其自身不能有一个能指的事物——因为在这种情况下，“超越所有的差异”将变成另一个差异，而不是导致所有差异身份的同等瓦解。正是由于共同体本身不是一个客观身份的纯粹差异空间，而是一种不在场的完满，它就不可能拥有任何表现其自身的形式，并且不得不从一些在等价空间中构成的实体中借来后者——就如同黄金作为一种特殊的使用价值，同时也承担了表现一般价值的功能。正如我们所看到的，对特殊能指的特殊差异性所指的清空，使得“虚空”能指——作为对于一种缺乏的能指，对于一种不在场的总体性的能指——的出现成为可能。但是，这把我们直接引向在前一节结束时提出的问题：如果所有的差异斗争——在我们的例子中——都同样能够（超越它们的差异身份）表达共同体不在场的完满；如果等价功能使所有差异立场对于这种等价的表现来说是无差别的；如果没有任何东西本身被预先决定去承担这一角色；那么，是什么决定了是它们中的这一个，而不是另一个在特殊时期内成为这种普遍功能的化身？

43 答案是：社会的不均衡。如果等价逻辑趋向于取消所有差异位置的相关性，那么这仅仅是一种趋向性运动，这种运动总是被本质上非-平均的差异逻辑所抵制。（并不令人吃惊的是，霍布斯的自然状态的模型——它试图描绘一个领域，在其中等价逻辑的全面运转使共同体变得不可能——必须预设人类之间原始的和基本的平等。）不是社会中的任何立场，不是任何斗争都能够平等地在一个成为虚空能指的缝合点上转化其自身的内容。现在，这难道不是回到了一个社会力量的历史有效性的传统观念，这种观念断言结构位置的不均衡决定了它们之中的哪一个将成为总体化效应的来源？不，并不是这样，因为这种不均衡的结构位置——它们中的一些代表了权力高度集中的点——本身就源自差异逻辑与等价逻辑彼此的多元决定过程。这不是一个关于否认差异结构位置的逻辑的历史有效性的问题，相反，这是关于否认，对于作为整体的它们而言，存在一个在自身之外决定社会运动规律的基础结构的问题。

如果这是正确的，那么在纯粹的差异／等价**形式**的分析层面上确定哪种特殊差异将成为等价效应的场所，就是不可能的——这需要对一个特殊的结合点进行研究，恰恰是因为等价效应的在场总是必要的，但等价／差异的联系并非内在地与任何特殊的差异内容相联。这种关系——特殊内容通过这种关系成为不在场的共同体完满性的能指——恰好就是我们称之为**领导权关系**（*hegemonic relationship*）的东西。虚空能指的在场——在我们对它们进行的定义的意义上——正是领导权的条件。当我们应对一个众所周知的困难，这个困难在大多数的领导权理论——包括葛兰西的理论——中形成了一个反复出现的绊脚石时，这一点可以很容易被看出来。当一个阶级或群体没有封闭在一种狭隘的法团主义视角下，而是将其自身呈现为实现了更广大的目标，要么解放更广泛的大众，要么确保更广泛的大众秩序时，它就被认为是领导权的。但是，如果不能精准地确定**“更广大的目标”“更广泛的大众”**这些术语指向什么，那么这会使我们面临一个困难。有两种可能性：首先，社会是一种多种离散（discrete）群体的累
44 积，每个群体都倾向于去实现它们特殊的目标，并且彼此之间不断冲突。在这种情况下，“更广大”和“更广泛”只能意味着群体之间协商协议的不稳定平衡，所有这些群体都将维护其相互冲突的目标和身份。但是“领导权”显然指向一种比这种协议所引起的统一体更加强大的共同体的统一体。其次，社会具有某种预先设定的本质，因此“更广大”和“更广泛”拥有独立于特定群体意志的自身的内容，而“领导权”则意味着这样一种本质的实现。但是这不仅会消除总是伴随着领导权运作的偶然性维度，而且也会与“领导权”的共识性特征不相容：这种领导权秩序将会是一种既定的组织原则的**实施**，而不是某种从群体之间的政治互动中产生的东西。现在，如果我们能从虚空能指的社会生产角度来考虑，那么这个问题就消失了。因为，在这种情况下，领导权的运作将是作为虚空能指之化身的一个群体之特殊性的呈现，这种虚空能指指向的是作为一种不在场的、一种未实现的现实的共同体秩序。

这一机制是如何运作的呢？让我们思考一下，社会构造的彻底混乱这一极端情况。在这种情形下——它离霍布斯的自然状态并不遥远——人们需要**一种**秩序，而且它的实际内容变成第二位要考虑的东西。“秩序”本身没有内容，因为它只能存在于它所实

现的不同形式中，但是在一种彻底混乱的情形下，秩序是作为一种不在场之物而在场的；它作为关于不在场的能指，成为一种虚空的能指。在这一意义上，不同的政治力量可以相互竞争，努力将它们的特殊目标呈现为能够实现对这一空缺的填充。领导权化某物正是实现这一填充功能。（我们谈到的是“秩序”，但显然“统一体”“自由”“革命”等都属于同样的事物秩序。任何在某种特定的政治语境下成为缺乏的能指的术语都扮演着同样的角色。政治是可能的，因为社会构成性的不可能性只能通过虚空能指的生产来表现自己。）

这也说明了为什么领导权总是处于不稳定的状态中，并且被一种构成的模糊性所渗透。让我们假定工人的动员成功地将其自身的目标呈现为一种一般意义上的“自由”的能指。（正如我们所看到的，这是可能的，因为这种工人的动员——在一种压迫政权 45
下发生——也被看作一种反系统的斗争。）在某种意义上，这是一种领导权的胜利，因为特殊群体的目标大体上与社会相一致。但是，在另一种意义上，这是一种危险的胜利。如果“工人斗争”（workers’ struggle）成为自由本身的能指，那么它也就变成了印记的表面（surface of inscription），通过这一表面，**所有的**自由的斗争被表达，以至于围绕这一能指统一起来的等价链条会清空它，并且使它与最初相关的实际内容的联系变得模糊。由于它取得了很大的成功，领导权的运作往往会倾向于打破它与某种力量之间的联系，这种力量是它最初的推动者和受益者。

领导权与民主

让我们基于对虚空能指、领导权与民主之间的关系的反思来做一个总结。暂时思考一下社会能指在现代政治思想产生时所扮演的角色——我主要想到的是霍布斯的著作。如我们所见，霍布斯把自然状态描述为一个有序社会的彻底对立面，描述为只有用否定的术语才能界定的状态。但是，作为那种描述的结果，统治者制定的秩序必须被接受，不是因为这种秩序拥有任何内在的美德，而仅仅是因为它是**一种**秩序，并且唯一的替代选择是彻底的混乱。然而，这种方案的连贯性的条件是，假定在自然状态下个体权力是平等的——如果个体就权力而言是不平等的，那么秩序就能通过纯粹的统治得到保证。因此，权力被消除了两次：在自然状态下，它被所有的个体平等地共享；在共和政体下，它完全集中在统治者的手中。（绝对的权力和平等地分配在共同体所有成员中的权力都不再是权力了。）尽管霍布斯隐约意识到虚空能指即“秩序本身”与由统治者所强加的实际秩序之间的分裂，但是由于他通过契约将前者化约为后者，他无法考虑到两者之间任何辩证的或领导权的游戏。

相反，如果我们重新将权力引入这个画面中——也就是说如
46 果我们接受社会关系中权力的不平衡，那么会发生什么呢？在这
种情况下，市民社会将部分被建构起来，部分没有被建构起来，权

力完全集中在统治者手中不再是一种逻辑需要。但是，在这种情况下，统治者宣称绝对权力的证据越发不明显。如果社会中存在局部的秩序，那么秩序的虚空能指与统治者的意志之间的认同的合法性将有进一步的要求，即这一意志的内容将不会与社会**已经**存在的事物发生冲突。由于社会随着时间的推移而变化，这种认同的过程将总是不稳定的和可颠覆的，并且，由于认同不再是自发的，不同的计划和意志将会试图去使不在场的共同体的虚空能指领导权化。承认这种缝隙的构成性质及其政治制度化是现代民主的出发点。

注释

[1] Ernesto Laclau and Chantal Mouffe, *Hegemony and Socialist Strategy*, London, Verso 1985.

第四章

政治主体，主体政治

47 关于普遍主义与特殊主义之间（互补？紧张？相互排斥？）的关系的问题，在当前的政治和理论议程中占据着中心位置。普遍价值被视为已经死亡或至少被视为受到威胁。更重要的是，这些价值的积极性不再被认为是理所当然的。一方面，在多元文化主义的旗帜下，启蒙运动的经典价值受到了抨击，它们被认为只是西方帝国主义的文化势力范围（preserve）。另一方面，在现代性的终结的问题上，以各种表达方式对基础主义进行攻击的整个辩论，倾向于在历史和社会之基础的陈旧观念与**实际内容**（*actual contents*）——这一实际内容从启蒙运动开始，便起到了基础的作用——之间建立起一个本质性的联系。然而重要的是，我们要意识到这两个辩论没有沿着对称的方向发展，论证策略倾向于以意想不到的方式从一个移动到另一个，而且已经证明许多看似矛盾的组合是可能的。因此，所谓后现代路径既可以被视为削弱了西方启蒙运动的帝国主义基础主义，并开辟了一条更加民主的文化多元主义道路；也可以被视为支持“弱”（weak）身份（identity）的概念，而这与“本真性政治”（politics of authenticity）所要求的强大文化附属不相容。普遍价值可以被视为对“西方民族主义”的强大宣言（如在晚期的胡塞尔那里），也可以被看作一种在面对文化多样性时促进——至少是倾向于——一种尊重和宽容态度的途径。

认为诸如“普遍”和“特殊”等概念在两种辩论中具有完全相同的含义，肯定是错误的；但假定两种辩论的持续互动对彼此的 48
辩论的中心范畴没有影响，也是错误的。这种相互作用已经让位于意义的模糊不清和位移（displacements），我认为这是某种政治生产力的来源。我想在本章中提及的正是这些位移和相互作用。简单来说，我的问题是，“普遍”和“特殊”范畴一旦成为塑造当代政治的语言游戏的工具，它们会发生什么变化？什么是通过它们来执行的？哪些意义的位移是它们目前的政治生产力的根源？

多元文化主义

让我们继续进行这两个辩论，看看在哪些方面它们彼此影响了对方的中心范畴。首先是多元文化主义。这个问题可以在这些术语中被确切地阐述：一个纯粹的差异文化是可能的吗？一个纯粹的完全消除任何普遍原则的特殊主义是可能的吗？我们有各种理由去怀疑这种可能性。首先，断言一个纯粹独立的和差异的身份就是去断言这个身份是**通过**文化的多元主义和差异构成的。对于生活在一个更广泛的社会共同体中的某一特定群体来说，像单细胞生物一样生活是不可能的——相反，其自身身份的定义部分是由一个与其他群体相联系的复杂而精密的关系系统所建构的。这些关系必须受到超越**任何**群体的特殊主义的规范和原则的制约。例如，断言各个民族的文化自治权就是去做出一个有争议的主张，这种主张只有在普遍的基础上才能得到辩护。对自身的特殊性的断言需要诉诸超越它的东西。一个群体越特殊，它就越无法掌握它所处的全球公共社会地带，为其主张辩护的基础无疑将越普遍。

但是，有另一个理由可以说明，为什么纯粹的差异政治会自我摧毁（self-defeating）。正如我们刚才所说的，要断言某人自己的**差异**身份，会涉及引入他者的身份，因为在其中自己将划定与他者的界限。但是很容易看出，完全实现的差异身份将涉及在群
49 体之间的关系中存在的**现状**（*status quo*）的混合。对于一个与其他群体相对比（*vis-à-vis*）的纯粹的差别身份来说，不得不断言，他者的身份同时也是自己的身份，并且，作为一个结果，在与其他群体的关系中，它不能有身份的要求。例如，我们假设一个群体**有**这样的要求：对就业和教育中的平等机会的需求，甚至是上教会学校的权利。这些权利是我作为共同体的一员与所有其他成员共享的权利，他们假定，我并不是简单的不同于其他人，而是在

一些基本方面上与他们相同。如果断言，所有特殊群体都有权尊重自己的特殊性，那么这意味着他们在某些方面彼此相等。只有在所有群体彼此不同的情况下，并且他们都不想成为他们之外的任何东西，纯粹的差异逻辑才会完全控制群体之间的关系。在所有其他的情形下，这种差异的逻辑将被等价和平等的逻辑所中断。一个纯粹的差异逻辑——独立发展的观念——处于种族隔离的根源，这不是无缘无故的。

这就是为什么试图在敌对环境中主张自己的身份的任何群体的斗争总是面临着两个相反但对称的危险，这些危险没有合理的解决方案，没有规则（square circle）——只有不确定的和偶然的调解尝试。如果该群体试图在**那个时刻维持它的身份**，由于它在共同体内的位置很大程度上是由占主导性的群体所支配的排除系统所规定的，它将迫使自己成为一个永久边缘化的和被隔离的存在。它们的文化价值很容易被当权者变成“民间风俗”（folklore）。另一方面，如果它努力改变其在共同体内的位置，并打破边缘化的状况，那么它必须参与多项政治动议（initiatives），使其超越定义当前身份的那些限制——例如，在现有的制度中斗争。然而，由于这些制度在主流群体的意识形态和文化上被塑造，危险在于，陷入斗争的群体的差异身份将会丢失。到底是新的群体会设法改变制度，还是制度的逻辑会通过接合（co-option）设法稀释这些群体的身份，这两者都无法被事先决定，而是只能诉诸领导权斗争。但可以肯定的是，重大的历史变革会带来其中**所有干预力** 50

量的身份的转变。就**已经获得的**文化真实性而言，没有成功的可能性。对这一事实的日益增强的认识，解释了当代辩论中“杂交”（hybridization）概念的中心地位。

如果在欧洲历史中寻找这种替换的早期例子，我们可以参考社会民主党人和革命工团主义者在“一战”前长达几十年的对抗。对工人阶级特殊主义与社会主义改造任务普遍性之间的失调（dis-adjustment）问题的经典马克思主义解决方案，已经假设了资本主义社会结构的日益简化：结果是，作为一种同质（homogeneous）的主体的工人阶级接纳绝大多数人口，并可能承担普遍转型的任务。在世纪之交，这种预言被怀疑，但两种可能的解决方案仍然是开放的：要么接受一种只能通过半社团的（semi-corporative）工人阶级松散地统一起来的民主斗争的扩散（dispersion），要么通过由革命暴力统一起来的工人阶级来培养一种纯粹的身份政治。第一条道路导致了所谓的社会民主一体化：工人阶级被一个国家所指派，它们可以参与它的管理，但无法掌握它的机制。第二条道路通过暴力导致工人阶级的种族隔离，并拒绝所有参与民主机构的行为。认识到索雷尔总罢工的神话并不是保持纯粹工人阶级身份作为革命胜利条件的手段，这一点很重要。由于革命罢工是一种可调控的观念，而不是实际可能的事件，它不是夺取政权的真正策略：它的功能在无休止重塑工人独立身份的机制中耗尽。在身份政治与群体力量关系转换之间的选择中，索雷尔主义（Sorelianism）可以被看作第一种选择的单向化的极端形式。

然而，如果我们宣布放弃单向化的解决方案，那么这两种对立的极端之间的紧张关系就无法根除：它是存在的，并且策略上的考虑只能由它们之间的务实的谈判构成。杂交不是一个边缘的现象，而是构成当代政治身份的特殊地带（terrain）。让我们考虑一下诸如“战略本质主义”这样的公式，该公式最近被广泛使用。 51
出于各种原因，我对它并不完全满意，但它的优势在于，能让我们所谈到的自相矛盾的选择一目了然，这就需要在政治上让二者达到协商平衡。“本质主义”暗示了一种强烈的政治身份，没有它就不可能有政治计算（calculation）和行动的基础。但是，这种本质主义只是策略性的，也就是说，在其构成的时刻，它指向了其自身的偶然性和限制。

这种偶然性对于我们理解当代政治最突出的特征来说至关重要：它充分认识到其历史主体的有限性和碎片化的特征。现代性始于对无限制的历史行动者的渴望，这个行动者能够确保一个被完美地建构出来的社会秩序的完满性。无论导致这种完满的道路是什么——或是一个维系多重分散的个体意志的“看不见的手”，或是一个能够保证一个透明和合理的社会关系系统的普遍阶级——它总是暗示着历史性转变的主体将能够克服一切特殊主义和所有限制，并且呈现出一个与其自身协调的社会。对于现代性来说，那就是真正的普遍性的意义。相反，当代社会和政治斗争的出发点是他们对特殊性的强烈主张，即坚信对其自身来说，没有谁能够呈现出一个完满的共同体。但是，如我们看到的，正是因为这一点，这种特殊性无法通过一个纯粹的“差异政治”来建构，而作为其自身主张的条件，它必须诉诸普遍原则。在这一点上产生的问题是，在何种程度上，这种普遍性等同于现代性的普遍性，在何种程度上，在这个已经变化的政治的和智识的氛围中，关于一个社会之完满的特定观念经历了一个彻底的变化——维持对于普遍与特殊的双重的参考——完全地转变了它们的话语逻辑。然而，回答这个问题之前，不得不移至我们的第二次辩论，这涉及对基础主义的批判。

语境与基础主义批判

让我们通过一个很常见的命题开始我们的讨论：不存在独立于语境的真理或价值，任何陈述的有效性只能依据语境而确定。
52 当然，从某种意义上说，这个命题是没有争议的，它是对基础主义批判的必然结果。通过它来断言语境的不可通约性，并从中得出一个捍卫文化多元论的论据似乎只是一个合乎逻辑的举动，我当然并不准备去反驳它。然而，整个推论忽略了一个难点，即语境的界限该如何判定。让我们接受这一点，即所有的身份是有差异的身份。在这种情况下，会产生两种后果：(1)就像在索绪尔(Saussurean)的**系统**中一样，每个身份只能通过与其他身份的差异而被确定；(2)语境必须是封闭的——如果所有身份依赖差异**系统**，那么除非后者定义了自己的界限，否则没有身份能够最终被构成。但是，从逻辑的角度来看，没有什么比定义这些界限更加困难。如果有一个基础性的视角，那我们就可以诉诸一个成为所有差异的来源的终极基础；但是，如果我们正在面对的是一个真正的差异多元主义，如果这些差异是**构成性的**，那么我们就不能在寻求定义语境的系统界限时，去超越差异自身。正如我们所说的，现在定义一个语境的唯一途径是通过它们的界限，并且，定义这些界限的唯一方法是指出，是什么超越了它们。但是，超越这些界限的只能是其他的差异，在这种情况下——考虑到这些差异的构成性的特征——不可能确定这些新的差异对于语境来说是内部的，还是外部的。因此，界限和语境的可能性会受到损害。

正如我在其他地方所论述的那样（参见第三章），走出这个困境的唯一途径就是假设超出这个差异的不仅仅是另一个差异，而是对这种语境下的所有差异构成威胁（即否定）的某种东西————或者，更恰当地说是，语境通过对异己之物的排斥、对彻底的相异的排除来构成自身。现在，这种可能性有三种结果，也是我们大家争论的中心：

1. 首先是对立和排斥构成了所有身份。（非辩证的）否定性通过一些界限来建立，如果没有这些界限，我们就会无限制地扩散差异，其系统界限的缺乏将使任何差异身份变得不可能。但是，通过对立性的界限来构成差异身份的功能，同时也会动摇和颠覆这些差异。如果界限对所有的差异造成了同等的威胁，那么它就使得 53

这些差异对于界限而言彼此相等，并且可以彼此互换。这已经宣布了通过等价逻辑进行相对普遍化的可能性，这种等价逻辑与有差别的特殊主义并不矛盾，而是后者的逻辑所需要的。

2. 系统是构成差异性身份所需要的，但是唯一可以构成系统并因此使得这些身份成为可能的东西——排斥——也是颠覆它们的东西。（在解构主义术语中：系统可能性的条件也是其不可能的条件。）语境不得不从内部被颠覆以变得可能。系统 [如在拉康的客体小 a（object *petit a*）中] 是语境的特殊逻辑所需要的，然而又是不可能的。如果你想使其成为可能，那么它将会通过其不在场而出现。但是，这意味着两件事情：首先，所有的差异身份将会是构成性地分裂，它将是差异逻辑和等价逻辑之间的交叉点。这将引入一个根本的不可判定性。其次，尽管社会的完满和普遍性是无法实现的，但是它的需要并没有消失：它总将通过它的不在场展现自身。同样，我们在这里所看到的是，宣称自身是一个在普遍与特殊之间的密切的关系，然而，这种关系并不在于将后者包含在前者之中。

3. 如果那个不可能的对象——系统——不能被表现（represented），但是需要在表现的范围内展现自身，那么表现的手段在构成上将是不充分的。只有特殊才是这样的手段。结果是，该系统的系统性，在其不可能的总体化的时刻，将通过偶然地承担这种表现功能的特殊性来表示。第一，这意味着，特定的特殊性被这个代表普遍性的功能所颠覆。但是，第二，这一特定的特殊，通过使其自身的特殊性成为具有普遍的代表性的象征体，占据了——在作为一个整体的差异系统内——一个领导权的角色。这预示了我们的主要结论：在一个社会中（在**任何**社会最后都是如此）其完满——它普遍性的时刻——是无法实现的，普遍与特殊之间的关系是一种领导权的关系。

让我们更详细地看待这种关系的逻辑。我将以20世纪60年 54
代和70年代阿根廷庇隆主义（Perónism）流行符号的“普遍化”为例来讨论。自庇隆主义政权在1955年的政变中被推翻以后，阿根廷进入一个超过20年的持续不稳定时期。庇隆主义和其他公众组织被宣布为非法，军政府和占据政府的奸诈的平民政权接管了政府，这显然不能通过现有的制度渠道来满足公众的要求。所以，越是不具有代表性的政权接管政府，民主的诉求就越难实现。这些诉求当然是特殊的，而且它们来自不同的群体。所有这些都被主流政权拒绝的事实确立了它们之间的等价关系。重要的是，要意识到这种等价性，并不代表任何一个本质的先验的统一。相反，它唯一的基础是接替的政权对所有那些诉求的拒绝。用以前的术语来说，它们在有差别的语境或系统内的统一，是它们全都被当权者所抵制的纯粹结果。

现在，正如我们已经看到的，差异系统的语境上的统一，只能以削弱纯差异身份为代价，并且通过一种等价逻辑的操作来引入一种相对普遍性的维度而发生。在我们所举出的例子中，人们认为通过他们的需求的差异的特殊性——住房、工会权利、工资水平、保护国家工业等——表达了对所有人来说都相同的东西，也就是对体制的反对。重要的是要认识到，普遍性的维度与需求的特殊主义——甚至是进入等价关系的群体——并不矛盾，反而是由它产生的。一种更加普遍的视角——这种视角源于更广泛的抵抗的群众语言中的特殊需求的印记（inscription）——是等价逻辑扩展的结果。只有当政权单独地分别处理特定的要求并以“变革的”方式吸收它们时，完全避免等价逻辑的群体所要求的一种纯粹的特殊主义才能够实现。但在任何领导权衰落的过程中，这种变革性的吸收变得不可能，而等价的逻辑打断了个体民主所要求的纯粹的特殊主义。

55 正如我们可以看到的，通过等价达到的普遍性维度与从基础的本质或无条件的先验原则导致的普遍性极为不同。而且，它也不是一个调节（regulative）的观念——经验上不可达到，但具有明确的目的论内容——因为抛开它所依赖的等价系统来说，它不可能存在。这对于普遍性的内容和功能具有重要的影响。我们之前已经看到，社会的整体化或普遍化的时刻——其完满的时刻——是一个不可能的对象，它只能通过某种特定的内容获得一种话语存在，这种特定的内容被剥夺了它的特殊性以表示那种完满。回到我们所列举的阿根廷例子，这正是在 20 世纪 60 年代和 70 年代，由普遍主义的流行符号所扮演的角色。正如我前面所说的，该国已经进入一个快速地去制度化的过程，因此等价逻辑可以自由运作。庇隆主义运动本身缺乏一个真正的组织，它只是联合了各种政治举措的一系列符号和松散的语言。最后，庇隆本人流亡到马德里，只能以一种遥远的方式干预运动中的一系列行动，并且在庇隆主义内部的斗争中非常小心地不采取任何明确的立场。在这种情况下，他在理想的条件下成为“虚空的能指”，体现了统一大众阵营的等价链上的普遍性时刻。20 世纪 70 年代，庇隆主义隐秘未明的命运，清楚地说明了任何领导权过程中固有的本质的模糊性：一方面，一个特定群体的符号在某一点上承担了普遍代表性的功能，这一事实当然地赋予该群体一种领导权；另一方面，这种普遍代表性的功能是以削弱原始身份的差异的特殊主义为代价而获得的，这一事实必然导致这种领导权将是危险的和受到威胁的。通过等价链的扩大来清空普遍性能指的逻辑，意味着在永久性得以保证的情况下，能指在所指的滑落中没有固定的和特别的限制。对于庇隆主义来说，这是在 1973 年选举成功和庇隆回到阿根廷之后发生的。庇隆不再是一个虚空的能指，而是国家的总统，他不得不开展具体的政治活动。然而，其运动的 56
不同派系所建构的等价链已经超越了任何控制的可能性——甚至是由庇隆控制的可能性。

普遍性的辩证法

先前的发展使我们得出以下结论：只要社会不是完全同质的，

普遍性的维度——由所有差异的身份的不完整性所导致的——就不会被消除（如果它是同质的，那么消失的不仅是普遍性，还有普遍性与特殊性之间的区分）。然而，这个维度只是一个统一（unifying）一些等价要求的虚空位置（empty place）。我们必须从其内容和功能的角度来确定这个位置的性质。就内容而言，它没有自己的内容，只有通过等价要求的暂时链接而获得的内容。普遍原则在形成时存在一个悖论，即所有这些原则都必须毫无例外地表明自己是有效的，然而甚至就其自身而言，这种普遍性也容易受到质疑，而且绝不可能真正得以维持。我们拿一项普遍原则来说明，例如民族自决权。作为一项普遍权利，它声称自己在任何情况下都是有效的。现在，让我们假设一个国家内部正在发生种族灭绝行为：在这种情况下，国际社会有义务干预吗？或者说自主决定原则是一个无条件有效的原则吗？矛盾的是，虽然该原则必须被赋予普遍效力，但是这种普遍的有效性总是存在着例外。但也许悖论来自相信这种普遍性具有其自身的内容，其逻辑含义可以被分析推导出来：没有意识到普遍性自身的功能——在一个特定的语言游戏中——是使等价效果的链条在话语上成为可能，但不会假装，这种普遍性可以在其产生的情境之外运行。存在着无数的语境，在这些语境中民族自决原则是总结和普及一种历史经验的完美的有效方式。

但是在这种情况下，如果我们事先知道普遍化总是无法兑现，它无法履行义务，那么为什么等价的集合（aggregation）必须

通过普遍来表达自身？答案存在于我们之前谈到的集合所依赖 57
的形式结构中。由等价链条术语所共享的“同一物”（something identical）——使等价成为可能的东西——不可能是一些实在的东西（这是一个可以在其特殊性中定义的更有差别的东西），而是源自——外在性威胁施加给一整套完全异质性的差异（各种特殊之物）的统一效果。“同一物”只能是共同体纯粹的、抽象的、不在场的完满性，正如我们所见，它缺乏任何直接的表现形式，通过差异性术语的等价性来表达自身。但是，在这种情况下，问题的关键是等价链仍然是开放的：否则它的封闭只能是其特殊性中可指明的又一个差异的结果，我们不会面临一种作为不在场的共同体的完满性。链条的开放性特征意味着，通过它表达的东西必须是普遍的，而不是特殊的。现在，这种普遍性需要——就其表达而言——被赋予一些本质上不能与其通约的东西：一种特殊性（如我们在民族自决权的例子中所讨论的）。这是所有这些所谓的“普遍”原则的紧张和歧义的根源：所有这些原则都**必须**被制定为无限的原则，表达一种超越它们的普遍性；但是，由于本质性原因，它们迟早会陷入语境上的特殊主义（contextual particularism）的纠缠中，并且无法履行其普遍功能。

就“普遍的”功能（与内容不同）而言，我们已经足够清楚地说明了它的含义：它在另一个纯粹差异世界中引入等价链条时已经筋疲力尽了。这是领导权聚集和链接（articulation）的时刻，并且以两种方式操作。第一个是将特定的身份和需求作为连接（links）

输入一个更广泛的等价链条中，从而赋予每一个身份和需求一种“相对的”普遍化。例如，如果女权主义者要求进入与黑人团体、少数族群、公民权活动家等相等同的链条中，那么他们便获得了一个更加全球化的视野，而不是这样的情况，即他们依然把自己限制在自身的特殊性之中。第二是赋予特殊需求一个普遍表现的功能——也就是赋予它一种视野的价值，这种视野给予等价链条
58 连贯性，同时还使它保持了一种无限期（indefinitely）的开放。举几个例子：生产资料的社会化不被视作仅仅涉及经济的狭隘需求，而被视作辐射到整个社会的各种等价效应的“名称”。1989 年之后，市场经济的引入在东欧发挥了类似的作用。在阿根廷的例子中，20 世纪 70 年代初，庇隆的回归也被认为是更广泛的历史变革的前奏。发挥这种普遍表现功能的特殊要求或要求的集合是不能通过先验的原因决定的（如果我们能这样做，就意味着在需求的特殊性中存在一些预定的东西，它履行这个角色，而这将与我们的整个论点相矛盾）。

现在，可以回到开始的两个辩论中，这是我们反思的起点。正如我们所看到的，有几个相互作用的点，并且在其中可以检测到并行性。我们已经充分说明了多元文化主义，关于特殊主义的界限的论证是清晰明确的。**纯粹的**特殊主义立场是自我毁灭的，因为它必须为差异自身的构建提供一个基础，这样的基础只能是一种本质论上的普遍主义的新版本。（如果我们有一个关于 A/B/C 等差异的**系统**，那么我们必须考虑这个系统性的维度，而其

直接引导我们进入关于基础的话语。如果我们有 A、B、C 等多个**分离**的元素，它们不构成一个系统，我们仍然必须解释这种分离——分离也是对象之间的关系中的一种形式——而且正如莱布尼茨所理解的那样，我们再次陷入了对于一个基础的假定中。单子的预定和谐同斯宾诺莎的总体一样是本质性的基础。）所以，摆脱这种困境的唯一出路是维持普遍性的维度，但是要为其与特殊的链接提出一种不同的形式。这正是我们在前文中试图通过作为一个虚空的，但无法根除的位置的普遍观念所提供的出路。

然而，重要的是要认识到，如果不引入一些当代基础主义批判的核心原则，这种类型的链接在理论上就是不可想象的（例如，对哈贝马斯的视角来说这就是不可想象的）。如果意义在某种强烈的程度上，通过一个彻底的基础被事先固定（今天越来越少的人会持这种立场），或者在某种较弱的程度上，通过一种不失真的 59
沟通的调节原则被事先固定，那么作为虚空位置的基础的可能性消失了，而这种虚空位置在政治上碰巧是由各种社会力量来填充的。对他们的表现（play）来说，先前的一些事情**已经**固定了它们可能变化的界限，并建立了一个外部法庭来**审判**它们，因此差异不是构成性的。我们只有对在所有基本维度上由形而上学规定的普遍性进行批判，才能为我们试图去阐述的有关“链接”观念在**理论上**的领悟开辟道路——这完全不同于通过概念架构的话语下的纯粹印象主义式的领悟，那些概念与之有着天壤之别。（我们应当记得帕斯卡对某些人的批评，因为那些人刚刚开始思考皈依，就认为他们已经皈依了。）

但是，如果关于多元文化主义的争论可以从当代对基础主义的批判（广义上来说，诸如“后现代主义”和“后结构主义”等标签所包含的整个知识发展范畴）中取得明显的优势，那么这些优势也会在相反的方向上发挥作用。基于一种与文化差异的日益扩大相适应的普遍性的政治要求，显然与某些版本的后现代主义不相容——特别是那些从基础主义的批判中得出的结论，即存在着一种所有意义的内爆（implosion）和对于一个“模拟”世界的进入［鲍德里亚（Baudrillard）］。我认为，这根本不是随之而来的结论。正如我们所论证的那样，一个普遍的基础的不可能性不能消除对它的需要：它只是把基础转变成一个虚空位置，这个虚空之地可以部分地以各种形式被填充（这种填充的策略就是政治所关注的东西）。让我们回过头来讨论语境化（contextualization）的问题。如果在我们面前存在一个“饱和”的语境，那么我们确实会面临多个不可通约的空间，而不存在任何可能的法庭能够在它们之间做出裁决。但是，正如我们所看到的，任何这样的饱和语境都是不可能的。然而，从这种证明中得出的结论：不是存在着一种无形式的意义的扩散，缺乏任何一种可能的相关链接，而是无论是什么扮演了这种链接的角色，它都不以扩散的形式被预先确定。这意味着，首先，所有的链接都是偶然的，其次，形成链接的环节总是会成为一个虚空之地——各种填充它的尝试都是短暂的，并
60 屈服于竞争。因此，在任何历史时刻上，社会中存在的任何差异

的扩散将被置于语境化和去语境化的矛盾过程中。例如，那些围绕着确定原则或价值去封闭一个语境的尝试将遭遇**权利**的话语，并受权利的话语的限制，它试图去限制任何语境的关闭。这就使得当代新亚里士多德主义者，如麦金太尔（McIntyre）的尝试不能令人信服，他们只接受语境化的维度，围绕共同善的实质愿景去关闭社会。我认为，当代社会和政治斗争打开了填补共同善的虚空之地的策略。这些策略所伴随着的本体论含义，反过来又阐明了反基础主义批评所揭示的可能性的视域。我想要在这个篇章剩余部分说明的，正是这些策略的逻辑。

统治与普遍性：四个环节

可以从一些结论开始，它们可以很容易地从我们先前关于普遍性现状的分析中得出。第一，如果普遍的位置是虚空的，并且不存在一个不以**任何**内容填充它的先验理由，如果填充那个位置的诸力量所倡导的具体政治与这些具体政治填充这个虚空位置的能力是构成性的分裂的，那么，对于任何其制度化的方面在某种程度上已经被动摇和破坏的社会来说，它的政治语言也是分裂的。让我们来看一个诸如“秩序”（社会秩序）一类的术语，它的普遍化的条件是什么？简单地说，对于彻底无序的经验使得**任何**秩序都优于连续的无序。对于缺失的经验，对于社会关系中不在场的完满性的经验，将“秩序”转化为关于一种不在场的完满性的能指。

这解释了我们所指的分裂：任何具体的政治，如果它能够带来社会秩序，它将不仅仅根据其独立于任何情况的抽象的优点而被评判，而主要是基于其能够带来“秩序”——社会的不在场的完满性的名称——的能力而被评判。（“改变”“革命”“人民的团结”等其他能指都曾历史性地扮演过相似的角色。）根据我们指出的基本
61 原因，社会的完满性是不可达到的，政治主体的身份中的这一分裂是一种绝对的构成性的“本体论差异”——在某种意义上与海德格尔对这一表达的使用是相关的。普遍确定是虚空的，只能在不同的语境中通过具体的特殊细节来填充。但是，与此同时，普遍对任何种类的**政治**互动来说是绝对必要的，因为如果后者发生在没有普遍参照的情况下，根本不会有任何政治互动：我们只会有一个完全非对立的差异的互补性（complementarity），或是完全对立的差异的互补性，其差异缺乏任何可通约性（commensurability），唯一可能的解决办法是彼此的相互破坏。

现在，我们的论点是，自古以来，政治哲学的反思已经在很大程度上意识到这种构成性的分裂，并试图提供各种各样的处理方法。这些方法，遵循了我们在前面分析中所指出的逻辑可能性中的某一种。为了说明这是如何发生的，我们将简要地介绍西方政治哲学传统中的四个时刻，在这些时刻出现了统治者的形象，这些形象以不同的方式结合了普遍性和特殊性。我们将先后谈到柏拉图的哲人王、霍布斯的主权者、黑格尔的世袭君主，以及葛兰西的领导权阶级。

对于我们要谈到的柏拉图来说，情况是明确的。在普遍和特殊之间没有任何可能的紧张或对抗。普遍远不是一个虚空的位置，它是所有可能的意义的所在，并且它在自身之中吸收了特殊。然而，对于他来说，只存在一种实现（actualize）社会基本形式的特殊性链接。普遍不是从外部被“填充”，而是源自其自身的完满性，并在社会组织的各个方面表达自己。在这里，共同体的完满性与实际的政治和社会安排之间，不可能存在“本体论差异”。只有**一种**社会安排——把它自身拓展到社会生活的最微小方面——与最不可能的情形中那种社会相一致。当然，其他形式的社会组织确实存在，但这些形式并不具备可供替换形式的地位，人们必须依据情况而进行选择。它们只是存在的变质形式和纯粹变体，源自心灵的困惑。就真正的知识而言，只有一种特定的社会组织形式实现了这种普遍。如果统治是知识问题而不是审慎的问题，那么只有那种知识的持有者——哲学家——才有权 62
统治，即一个哲人王。

当面对霍布斯的时候，我们显然是站在柏拉图的对立面上。在霍布斯看来，这样的存在者——在政治决策之前就拥有了关于社会的知识，并且他的决定是整个社会的来源——绝不是主权者。霍布斯非常清楚我们所谓的“本体论差异”。自然状态下的无政府状态以一种彻底的混乱威胁着社会的安全，社会意志在统治者意志中得到统一（或者说，统治者的意志是社会可以拥有的唯一统一意志），无论后者的内容是什么，它都会在对秩序发生作用的过程中将之计入其中。任何秩序都会比彻底的无秩序更好。在这里存在着一些东西，它们对统治者加诸社会秩序之上的内容完全漠不关心，同时也存在着一种对统治者**功能**独有的关注：确保秩序本身。“秩序”当然变成一个虚空的位置，但在霍布斯这里，没有关于其暂时性填充形式的领导权理论：主权，“凡人之神”（mortall God），一劳永逸地填充了虚空的位置。

因此，柏拉图和霍布斯显然站在理论光谱的对立面。对于柏拉图来说，普遍是**唯一**完满的地方；对于霍布斯来说，它是一个绝对虚空的位置，必须由主权者的意志填补。但是，如果更仔细地看待这个问题，我们将看到他们之间的差异被实际共有的东西所遮盖，即不允许特殊在面对普遍的完满或虚空的位置时其自身存在任何的活力。在第一种情况下，特殊必须在自己的身体中实现超越它的普遍性；在第二种情况下，尽管是通过人为手段，但是特殊同样地已经把自身从一个特殊性的领域中分离出去，并成为共同体的不可挑战的法则。

对于黑格尔来说，这个问题是以不同的方式提出的。对他而言，社会组织的每一个阶段的特殊主义都在更高层次被扬弃，特定内容和普遍功能之间的不可通约性这一问题实际上不会出现。但是，虚空位置这一问题的出现，与这样一个环节相关，在这个环节，共同体不得不作为一个总体**指明**自身——那是它的**个体性**（*individuality*）的环节。正如我们所知，这个意义是通过君主立宪获得的，其物质性的身体表征了一个完全不同于那个身体的理性的总体。[在黑格尔那里，缺乏自身内容的事物，恰是通过与之相反的其他东西来表现，这在齐泽克那里被经常强调，他贡献了 63
几个其他的例子，例如，断言《精神现象学》中“精神是一根骨架”（the Spirit is a bone）。]但是，可以让物质的内容得以表现的关系，在其所有精神内容全部被异化之后，它最后的内容完全依赖于共同体，这个共同体通过对其部分内容的不断扬弃，达到了它自身范围可以达到的最高的理性形式。对于这样一个完全理性的共同体，不能增加任何**内容**，并且作为自身实现的需要，这种共同体只保留了**起作用的理性实现的意义**。因此，理性君主不能是一个被选举出来的君主：他必须是一个世袭的君主。如果他是通过选举产生的，那么这种选举就必须得到解释，这个论证过程意味着社会的理性不会独立于君主而实现，后者承担了更重要的角色，而不是单纯起到仪式性表象的作用。

最后，我们讨论葛兰西。领导权阶级只有通过将特定内容与超越它的普遍性联系起来才得以确立。如果我们同葛兰西一样认为，意大利工人阶级的任务就是完成意大利人民自马基雅维利时代以来所提出的国家统一的任务，并且在某种程度上完成复兴的历史计划，那么我们就有双重的参考顺序。一方面，一个具体的政治方案，它不同于其他政治力量的方案，是一个工人的政治方案；另一方面，该方案——即一系列需求和政治建议——作为一个超越了它自身任务的历史载体而被提出：意大利国家的统一。现在，如果“意大利国家的统一”是一个具体的内容，在特定的语境中是可以被指明的，那么它不可能是延续了几个世纪的东西，也不可能是不同的社会力量可以带来的东西。然而，如果**能够**发生这种情况，那是因为“意大利国家的统一”只是一个缺乏的名称或象征。正因为它是一个**构成性**的缺乏，没有任何先天的内容是注定要去填充它的，它向迥异的链接开放。但这意味着，“好的”链接——它将最终缝合普遍任务和具体的历史力量之间的连接——永远不会被找到，并且，所有局部的胜利总是会在一个最终的、不可逾越的不可能性的背景里发生。

从这个角度来看，相对于黑格尔和霍布斯来说，葛兰西的计
64 划可以被看作一个双重位移。在某种意义上，它更像是一种霍布斯主义，而不是黑格尔主义，因为在这种计划中，社会和国家的自我构建程度比在黑格尔主义中要少，它们需要一个政治体制的维度，其中，共同体的统一性的表现无法与其构建相分离。有一种特殊性的剩余部分无法从这种统一的表现中消除（统一等于黑格尔意义上的个体性）。这个剩余的存在，对于领导权关系来说是特有的。领导权阶级处于黑格尔式君主与利维坦之间。但同样可以说，葛兰西相较于霍布斯来说离黑格尔更近，因为在他的分析中，政治环节以一种社会危机的图景为前提，但这种社会危机的图景远不如霍布斯所描绘的那么彻底。葛兰西的“有机危机”（organic crises）在社会组织的程度上来说远远不及霍布斯的自然状态。在某种意义上，领导权政权的继承可以被看作一系列“局部的契约”（partial covenants）。被看作“局部的”是因为——社会在葛兰西

那里比在霍布斯那里更有结构、更有条理，人们有更多的条件进入政治盟约：但是作为其结果，被看作“局部的”也因为他们有更多的理由来取代主权者。

最后这几点使我们能够回到早先关于当代特殊主义斗争的讨论中去，并将其列入政治哲学传统中。我们以同样的方式，通过位移来提出葛兰西的问题，这些位移来自他对霍布斯和黑格尔所代表的两种方法的引入，我们可以通过与葛兰西方法相似的位移，来展现向多元斗争开放的政治选择。第一个也是最明显的位移是设想一个社会，它比葛兰西所讨论的社会更加特殊和分散。并且，它相对于进入统一的领导权链接中的葛兰西所设想的社会来说，更加特殊，更加碎片，更经不起检验。第二个是链接发生的地点——对于葛兰西来说，是党或者国家这样的地方（在扩展的意义上）——也将更复杂，并且更不易于产生一种累积效应的链条。我们所说的存在于任何领导权中心的固有的特殊主义的剩余，变得越来越厚，也越来越复杂。现在，从民主政治的角度来看，这有着混合效应。让我们想象一个极端的场景（Jacobinic scenario），公共领域是唯一的，权力的位置是唯一但虚空的，多重政治力量可以占据后者。在某种意义上，我们可以说这是民主的理想情况，因为权力的位置是虚空的，而我们可以构想民主进程，把它作为 65
社会空洞的普遍性和体现它的瞬息万变的政治力量的特殊主义的部分链接。这是事实，但正是因为普遍的位置是虚空的，它才可以被任何一种不一定是民主的力量所占据。众所周知，这是当代极权主义的根源之一（勒弗）。

相反，如果权力的位置不是独一无二的，那么正如我们所说，剩余部分将变得更重要，并且通过超越共同体之间的界限的等价效应，来构建一个共同的公共领域的可能性将明显变得更小。这里出现了歧义。一方面，共同体当然更应得到保护，在这个意义上，一种极端的极权主义的可能性就会越发渺茫；另一方面，由于早些时候已经指出的原因，这也有助于维持现状。我们完全可以想象一个改进过的霍布斯式方案，在这个方案中，法律在它们私人的领域内尊重共同体（而不再是个体），而事关整个共同体未来的主要决定是维护一种新的利维坦——例如，一种似乎全能的专制政治。我们只需要想到塞缪尔·亨廷顿（Samuel Huntington），或者更一般意义上的当代的法团主义方法，就会意识到这并不是一个完全不切实际的方案。

我认为，另一种选择更复杂，但它是唯一一个与真正的民主政治相兼容的选择。它完全接受当代社会的多元的和碎片化的性质，但它不是依然留在这个特殊的环节，它试图以一种等价的逻辑来刻画这种多元化，这种等价逻辑将使得新的公共领域的建构成为可能。差异和特殊主义是必然的起点，但是在它之外，为价值的相对普遍化开辟道路是有可能的，它是大众领导权的基础。这种普遍化和其开放的特征，肯定迫使所有的身份陷入一种不可避免的杂交（hybridization）之中，但杂交不一定意味着通过身份的丧失而衰弱；它也意味着通过开辟新的可能性来将权力赋予现有的身份。只有一个保守的身份——封闭在自身之内——才会感到杂交是一种损失。但是，这种民主-领导权的可能性必须承认其建构所具有的构成性的语境化 / 去语境化的地带，并且充分利用这种悬而未决所打开的政治的可能性。

总而言之，特殊只有不断地向普遍保持开放，并不断地重新定义其与普遍的关系，它才能完全实现自身。

第五章

“脱节的时代”

> 由于这种特殊的政治终结与一个绝对活生生的现实的呈现是相一致的，我们有进一步的理由认为，政治的本质总是具有非本质的特征，具有一个鬼魂的那种非本质。
>
> ——雅克·德里达，《马克思的幽灵》

在《马克思的幽灵》(*Spectres of Marx*，以下简称 *SM*)中，德里达将生产概念和创伤概念关联在一起，并谈到“在任何**技艺**(*tekhne*)中运作的幽灵的精神化”(*SM*, p. 97)。他立即将这一断言与弗洛伊德关于处于离心状态(decentred)的人类的自恋所遭受的三种创伤的观点联系起来：心理创伤源于对无意识的精神分析发现，生理创伤源自达尔文有关人类祖先的发现，宇宙论的创伤则起因于哥白尼革命。这里德里达增添了源自马克思主义的离心效应，对于德里达来说，马克思主义积累（accumulate）了这三种创伤并把它们融合在一起：

> “马克思主义”的世纪就是全球化科技化的世纪，是地缘政治有效的离心化的世纪，是人类（*anthropos*）在其本体论–神学的同一或其演变中真正离心化的世纪，也就是“我思故我在”——以及作为其两难的自恋概念本身离心化的世纪。为了走得更快一些，为了省却过多的佐证，我们不妨明确亮出解构理论的主题。(*SM*, p. 98) [1]

因此，解构将自己置于一个马克思主义自身从属的离心的世俗化运动中。事实上，在《马克思的幽灵》的各个论点上，德里达都坚持认为，如果解构不与某种马克思主义的精神或传统关联，那么它既是不可思议的，也是不着边际的。然而，解构 67
不**仅仅**是马克思主义：它是在马克思主义体系中实践的某种操作，定位在马克思的文本中的不可判定性区域中，用德里达的话来讲，这个区域是由**精神**与**幽灵**之间以及**本体论**与**幽灵学**（*hauntology*）之间的对立所限定的（circumscribed）。这种解构操作的执行——本书最后两章有专门讨论——远不是一种纯

1 参见中译本《马克思的幽灵》，雅克·德里达著，何一译，中国人民大学出版社，1999 年，第 140 页。

粹的学术研究：正义的可能性，也包括政治的可能性危如累卵。没有栖居于所有幽灵学中的——本体论试图去掩饰的——构成性错位（dislocation），就没有政治，只有一种程序化的、预先决定的将他者还原为同一：

> 从失调滑向不公正是很容易的。我们的问题是：我们该如何证明从失调（指它的更为技术的-本体论的会影响某种存在的价值）向一种不再是本体论的非正义的这种过渡？还有，如果相反，失调正是公正的先决条件，那又会怎么样？进而，如果这一双关的笔法正好简洁地表达了哈姆雷特的那句话——“这是一个脱节的时代”——的隐意，并能增强它的超强力量，赋予它闻所未闻的强力，那又会怎么样？（*SM*，pp. 19–20）[1]

为了在马克思的著作中找到一种双重逻辑，为了在马克思主义文本中发现一种双重姿态（gesture），即理论使之成为可能，却无法在一个可靠的综合中进行概念上的控制：这一切看起来都相当熟悉。自19世纪末，这种二元性便深深地铭刻在马克思的著作上，一直是无数的分析的对象。经济决定论与社会主义的伦

1 参见中译本《马克思的幽灵》，第30页。

理取向之间，经济主义与政治的优先地位之间，甚至理论的“科学”和“意识形态”组成部分之间的二元性或对立，不仅是马克思主义讨论中反复出现的主题，而且是使马克思主义历史成为可能的议题。然而，这些被广泛视为一种二元论术语的明显重构（reformulations）与其他术语的重构毫无相似之处。我们面对的不是一种纯粹的唯名论的重命名操作：这些重构操作的位移、它们所暗示的社会逻辑，以及最重要的所能实现的政治策略是截然不同的。

德里达并没有追溯他介入马克思的文本的谱系。这是令人遗
憾的，其中一个原因是德里达介入的特殊性、独创性和潜力还没 68
有足够为人所知。后面，我将尝试强调其中的一些特定特征，以及它们相对于其他类似尝试的原创性。为此，我将参考我所认为的德里达书中的两个核心理论观点：幽灵的逻辑（幽灵学）和弥赛亚主义的范畴（弥赛亚的问题）。

幽灵的逻辑

> 那幽灵乃是一种自相矛盾的结合体，是正在形成的肉体，是精神的某种现象和肉身的形式。它宁愿成为难以命名的“东西”：既不是灵魂，也不是肉体，同时又亦此亦彼。因为正是肉身和现象性方能使精神以幽灵的形式显形，但它又在显形中，在那亡魂出现或那幽灵回来的时候消失无

> 踪。在其本身作为死人重现的显形中，有某个东西消失了，死去了。（*SM*, p. 6）[1]

不合时宜（anachronism）对幽灵性（spectrality）来说是必要的：幽灵，中断所有的反射（specularity），使时间无法同步。幽灵性的本质存在于肉体和精神之间的有待判定之中：它不是纯粹的身体——因为在这种情况下，根本不会有幽灵性；但它也不是纯粹的精神——因为穿过肉体的通道是至关重要的：

> 因为根本不存在什么幽灵，在一个不可见的可见性的空间中，从来就没有任何至少是毫无躯体外形的精神的幽灵生成，就像一种显性的消失那样。因为要想存在幽灵，就必须有躯体的返回，但必须是返回到比过去更为抽象的躯体。因此，幽灵生成的过程与一种自相矛盾的形体化是相对应的。一旦观念或思想脱离了它们的基础，人们就能通过给予它们一个躯体来创造某个幽灵。（*SM*, p. 126）[2]

从这一点开始，德里达做了一个典型的解构举动：在身体和精神两个极端之间的幽灵是有待判定的，这些极端本身受这种有

1　参见中译本《马克思的幽灵》，第 11 页。
2　参见中译本《马克思的幽灵》，第 179 页。

待判定性所污染。因此，在马克思关于商品的分析中已经显示了，交换价值如何取决于其在幽灵逻辑上的构成，德里达得出结论，这种逻辑也存在于使用价值中：

> 所述的普通感觉物，单纯的物质，例如马克思所说的还 69
> 没有开始“跳舞”的木桌的木头，它的形式本身或它的显示其物质的形式或本身等的所谓使用价值，实际上必须至少可以允许那感觉物具有重复性、替代、交换和价值；它必须能促成——无论是多么地微不足道——一种理想化，使人们能将它确认为完全可能相同的重复，如此等等。正如根本不存在纯粹的使用一样，也不存在任何使用价值，它的交换和交易的可能性……不能先行刻写在一种无用——一种不能简约化为无用的过分意味中。（*SM*, p. 160）[1]

同样，如果精神是其不可见性必须产生自己的可见性的存在，如果精神的构成需要不可见的可见性，那么没有什么比在精神和幽灵之间保持严格的分离更困难了。一旦达到这一点，结论很快就会出现。我们在马克思那里发现了一种幽灵学，一种在社会连接构成的核心中有关幽灵性的争论。时代是“脱节的”，错位腐

1 参见中译本《马克思的幽灵》，第 220 页。

蚀了任何当前的同一，我们拥有一种构成性的不合时宜，它是任何身份的根源。任何“生命”都出自一个更基本的生命 / 死亡二分法——它不是作为未受污染的在场的“生命”，而是作为**存活**的“生命”，它是任何在场的条件。然而，马克思试图从本体论的角度对幽灵学进行批判。如果幽灵栖居在资产阶级社会的连接的根源上，那么超越后者，在一个时间上到达一个不再“脱节”的时代，实现一个与自己完全和解的社会，将会打开一条通向“意识形态的终结”的道路——也就是通向一个纯粹的“本体论”社会的道路，在无产阶级完成之后，这个社会将把幽灵学视为它的过去。并且，由于幽灵学对政治来说是固有的，对本质和表象之间的分裂的超越将意味着政治的结束。[事实上，我们可以用圣西门主义（Saint-Simonian）的术语来表达这一论点：从人的治理过渡到事物的管理。]然而，正如解构式的阅读所表明的，“‘本体论’（即完全达到和解）是不可能实现的，从根本上说，时代就是‘脱节’的，幽灵是让所有在场成为可能的前提条件，政治也成了社会连接的基础构成”。我们可以谈谈格劳乔·马克思（Groucho Marx）所说的关于性的幽灵：它会暂时陪伴我们。

70 我们可以从两个视角来看受到幽灵惊扰的在场。首先，马克思的幽灵是马克思自身的幽灵，他自己就是共产主义的简称，今天他萦绕在我们周围，阻碍着高歌猛进的资本主义“民主制”宣布他们获得了最终的胜利（这里主要指的是福山）。还有另一个马克思的幽灵，它萦绕着马克思自己，不让马克思建立一个非幽灵的本体论。这样，我得到一个根基——一个不能与自身等同的在场的根基——这就是幻影般的非本质的实践领域，我们称之为政治。

该怎么谈论这种德里达的序列呢？第一条评判是——从时间和逻辑上来说的第一条——我没有什么要反对的。解构主义的操作是无可挑剔的，它所开启的视域是深远的，它于其中发生的互文性（intertextuality）是非常有启发性的。然而，正如任何名副其实的解构一样，存在着多种可以移动的方向，我想在此暂停片刻，思考一下这种多元化。我自己的工作主要集中在对马克思主义文本的解构上，且初步看来，可以把我称之为的领导权逻辑[1]——它默默地解构马克思主义的范畴——同德里达所描述的幽灵的逻辑联系在一起。当然，其他一些人最近也将“解构”和“领导权”联系起来。例如，西蒙·克里奇利（Simon Critchley）声称：

> 反对在马克思的“本体论”中使政治从属于社会经济这一令人担忧的倾向……德里达关于马克思主义中的幽灵性逻辑的论证，可以与那个时刻对政治理解的不可化约性的主张相关联，在那时，社会经济的沉淀的意义是有争议的。在欧内斯托·拉克劳将葛兰西激进化之后，人们可以将幽灵性的逻辑与领导权的逻辑联系起来；即如果一个人声明放弃——如一个人必须做的那样——共产主义末世论的“神义论”，即资本主义的经济矛盾不可避免地导致革命，那么，

> 政治和政治-文化-意识形态的领导权化对于彻底变革的可能性是必不可少的。

然而，对于完全赞同这种看起来明显的同化，我持犹豫的态度。虽然领导权逻辑和幽灵逻辑之间没有不相容之处，但是领导权逻辑预设了超出幽灵性逻辑之外的两步，这多出的两步我不确定德里达是否打算采取：

71 1. 正如我们已经看到的，幽灵性预先设定了精神和肉体之间的有待判别的关系，这个关系反过来影响了这两极。在这个意义上，幽灵预设了一个弱化的化身形式。弱化，是因为一个在基督教意义上完满的化身，将肉体转变成一个纯粹透明的媒介，通过它，我们可以看到一个与其化身的身体无关的**完全**精神的现实。上帝的中介建立了精神和肉体之间的联系，因为他距离两者都有无限远的距离。因此，两极之间的自然联系缺少的就是将肉体转化为媒介的东西，精神通过这种媒介展现自身。同时，正是这种联系的缺乏，防止了一个被另一个污染。毫无疑问，这种基督教的极性可以反过来被解构，但问题是，这种解构不会通过精神和幽灵之边界的崩溃而发生。因为在幽灵中，精神和肉体之间的关系更加密切：不存在神圣的中介，既认可又取代两极的根本异质性。现在，领导权的关系是这样一种关系，在其中，特定的身体作为特定精神的化身来呈现自己。领导权关系当然是幽灵的：特定的身体试图把它独有的特征表现为对超越自身独特性的东西的表达。身体是一个不可判定的点，其中普遍性和特殊性被混淆，但是其他身体竞相成为化身，并且它们是相同“精神”的实体化的可选择的形式这一事实，表明后者的一种自主性不能由纯粹的幽灵性逻辑来解释。

2. 这种自主性包括什么呢？这是我们的第二步。让我们记住，出于幽灵性逻辑的任何步骤都不能与幽灵性相矛盾，相反地，必须以它为前提。如果“精神”的自主性在幽灵性中发生，那么这种“自主”并不意味着自我认同、自我表达，因为这恰好可以恢复“精神”和“幽灵”之间顽固的边界。但自主并不需要完全以身份为前提：它也可以出现于一种构成的不可能性中，这是一种绝对的限制，其表现形式必然是不充足的。让我们假设一种普遍的社会混乱：在这种情况下，“秩序”成为一种缺席的完满的名称，并 72
且如果这种完满在构成性上是不可实现的，那么它就不能拥有自身的任何内容和任何自我表现形式。因此，“秩序”相对于任何特定的秩序都是自主的，只要它是缺席的完满的名称，没有具体的社会秩序可以达到这样的完满（这也适用于类似的术语，如“革命”“人民的团结”，等等）。那种完满是在场的，然而又是缺席的，需要以某种方式表现出来。现在，它的表现方式在构成上是不充足的，因为它们只能是特殊的内容，在某些特定情况下，承担一种表现共同体的不可能的普遍性的功能。这种关系——使某些特殊内容溢出自身的特殊性，并成为社会缺席的完满的化身——正是我所说的领导权关系。我们可以看到，它预设了幽灵的逻辑：因为“精神”自身没有自己的内容，它的完满只能通过对某些特殊身体的寄生附着而存在；但是当身体变成完满的化身时，身体将因其自身的特殊性而被颠覆和变形。这尤其意味着，马克思提到的以及德里达分析的不合时代的革命语言是不可避免的：旧的革命存在于新革命中，这不是立足于它的特殊性，而是立足于它作为革命的普遍功能，作为这种革命原则本身的化身。而马克思主义所希望的只表达在场的革命语言——其中“内容”胜过“措辞”——是“不可能”的。如果就像所有的完满一样，革命的完满也无法实现，那么革命内容和纯粹革命基础的完满之间必然存在分离，并且这种分离将**无限期地**复制幽灵性的逻辑以及“措辞”与“内容”之间的分裂。

在此之前，我试图展现我依据幽灵性的逻辑所采取的步骤的类型。但是，正如我已经说过的那样，这不是我唯一可以采取的步骤。从幽灵性逻辑导出领导权逻辑的步骤当然是前一种逻辑使之成为可能的步骤，但这些步骤不是从前一种逻辑衍生出来的必然推论。

73 德里达本人对马克思文本的解构又会带来什么政治后果呢？虽然这些结论在他的书中并没有完全形成，但如果我们转到第二个主题——弥赛亚的问题，就可以大致了解德里达所采取的方向。

弥赛亚的问题

让我们再次引用德里达的话。在指出马克思主义和宗教都共享弥赛亚末世论的形式结构后，他断言：

> 假如它同时对于两者都是适用的，除了内容之外……它的超过它们或是领先于它们的承诺的形式结构，也是如此。对于所有解构理论而言仍然保持其不可化约性的东西，像解构理论之可能性本身一样具有不可解构性的东西，或许就是关于解放之诺言的某种体验；它或许也是一种结构性弥赛亚理论的繁琐形式，一种没有宗教的弥赛亚理论，甚至是一种没有弥赛亚理论的弥赛亚观念，一种正义的观念——我们将其与法律或权利，甚至与人权区别开来的正义——和民主的观念——我们将之与它的流行的概念和它被限定的论断区别开来。（*SM*, p. 59）[1]

这里，德里达总结了他在《法的力量》（“Force of Law”）中充分发展的主题。然而，这些主题和概念要求将它们重新插入最初表述它们的各种语境中，首先是因为这些语境自身之间存在显著

1 参见中译本《马克思的幽灵》，第 85—86 页。

差异；其次是因为所采用的某些范畴（例如弥赛亚）的高度隐喻性（high metaphoricity）可能导致这些范畴与通常应用它们的具体历史现象进行不适当的关联。我无法在一篇评论的有限空间中很好地完成这项工作，但至少可以做一些说明。关于“弥赛亚”，我们不应该把它理解为任何与弥赛亚运动——现在或过去——**直接**相关的事物，而是理解为属于一般经验结构的事物。它与“允诺”的观念关联在一起。这并不意味着这种或那种特殊的允诺，而是隐含在对不可能被任何先验话语把握的“他者”、不可预知者、纯粹
74 **事件**的原初开放中的允诺。此类事件是事物正常过程的中断，是一种根本性的错位。这导致“正义”的观念与一种绝对的奇异性联系在一起。绝对的奇异性不能被法律的普遍性所吸收，法律与正义之间的鸿沟无法消除，这种鸿沟的存在使解构成为可能。解构和正义——或者说，解构作为正义——不能被解构。解构法律——这最终是政治的本质——是可能的，因为这种经验结构使弥赛亚、允诺和正义成为相互蕴含的关系范畴。

基于这些前提，德里达阐述了他的“**即将来临的民主**”（*democratie à venir*）的概念。这种“**即将来临**”（*à venir*）不涉及任何目的论断言，甚至不包含任何一种规范性的观念，而只是持续允诺与他者保持开放的关系，一种总是即将来临的开放，因为一个人对其保持开放的他者从来不是在任何先验计算中就已经被给出的。总而言之：我们所说的弥赛亚主义没有末世论，没有预先给定的应许之地，没有确定的内容。它只是所有经验中固有的允

诺结构，并且其内容的缺乏——这种缺乏来自对事件、对他者的彻底开放——使得正义成为可能，并且仅对即将来临的民主赋予其含义。作为正义领域的奇异性涉及彻底的有待判定性，这种有待判定性使得决定成为可能：

> 因此这就是对另一种历史性的问题的思考……作为历史性的事件性的另一种开端，这种历史性允许我们的不是放弃，而是相反，容许我们开辟通往某种关于作为允诺的弥赛亚的与解放的允诺的肯定性思想的道路：作为允诺，而不是作为本体论暨神学或终极目的论-末世论的程序或计划。
>
> 但是在某种程度上，允诺与决定，也就是说责任，把它们的可能性归因于不明确性的严峻考验，而这一有待判定性将始终保持着它们的状态。（*SM*, pp. 74–75）[1]

从这个概念的构造出发，我们对于德里达所进行的各种理论操作有何看法呢？我认为，我们可以在这里区分三个层次。第一个是解构我们从宗教和马克思主义传统中继承而来的弥赛亚主义

1　参见中译本《马克思的幽灵》，第 140 页。

的概念。这种解构通过展现已经围绕着实际的历史弥赛亚的链接
75 的偶然性特征进行。我们可以消除目的论和末世论的维度，甚至可以消除历史弥赛亚的所有实际内容，但我们不能消除的是“允诺”，因为它被铭刻在所有经验的结构中。我们已经看到，这不是任何具体的允诺；它是某种“生存”（existential），就此而言，它是某种防止任何在场被封闭在自身之中的东西。如果把这与法律/正义、有待判定性/决定的关系联系起来，我们可以看到德里达的理论-政治干预的总体动向，这种干预将历史-政治的形式直接引回到它们向彻底异质之物开放这个基本地带中。这是结构性的有待判定性的地带，一种不可能的经验的地带，矛盾的是，这使得责任、决定、法律以及最后的弥赛亚本身在其实际的历史形式中成为可能。我完全同意这一运动。

然而，德里达的论点不止于此。从第一个运动开始（出于不久后将变得清楚的原因，我故意使这个“从……开始”模糊不清，介于含有“衍生自”之意和仅仅表示次序之间，悬而未决），他传递出一种伦理-政治强制令，通过该命令，所有先前提到的维度汇聚在一个即将到来的民主计划中，这与“解放”的经典概念相关。德里达非常坚定地声称，他根本不准备对后者提出疑问。但是我们对于这种立场的含义必须非常的小心，因为解放的经典概念只不过是他试图解构的末世论弥赛亚主义的别称。

在这里应该对各个方面有所区别。如果对德里达来说重申解放的经典概念，并不意味着超越他重申弥赛亚主义的特殊方

式——消除后者所有的目的-本体论工具，并忠于“允诺”的时刻——那么，我当然会同意他的观点，但在那种情况下，即使我们从中保留了一个最终不可解构的时刻，解放的经典观念仍会深刻地转变。我认为，把这个操作称为对解放的经典概念的辩护相当有误导性。但是，第二个方面，解放的经典概念不仅是允诺的形式结构，它也是一系列内容的结晶和综合，例如消除经济 76
剥削和一切形式的歧视、主张人权、巩固公民自由和政治自由等。可以理解的是，德里达不想放弃这些遗产，也很难不和他一起捍卫这一遗产。然而困难在于，在解放的经典概念中，对所有这些内容的辩护和奠基都与德里达正在解构的目的论末世论密切相关。所以，如果他想维持他解构的结果，同时为这些内容辩护——因为后者的基础不再是一个末世论的链接（eschatological articulation）——那么，向他开放的只有两条路径：要么表明那些内容可以从作为一般经验结构的“允诺”中衍生出来；要么证明那些内容基于这样一种一般结构——在这种情况下，“允诺”本身对于这些内容的实际性质是无关紧要的。

最后，还有第三个方面要加以区分。先前的区分必须被置于德里达在《马克思的幽灵》中所讨论的东西的真实目标的背景下：对一个普遍常识的揭示（他通过对福山出色的批评来举例说明），据此，共产主义政权的崩溃应该意味着，人类到达最后一个阶段，在这个阶段中，所有人类的需求都将得到满足，并且不再期望时间上的一种弥赛亚式的圆满。德里达反对这一新的主流共识及其黑格尔-科耶夫式基础，在经验层面上表明了历史现实与资本主义西方的自满形象之间的差距，以及在理论层面上表明了历史终结概念的前后矛盾。我们必须在这种争论的背景下，来理解关于不断复归的马克思幽灵的整个论述。德里达最后要说的是，孤立的要求、不满、不公正等，并不是这样一个历史阶段的经验残余，而该历史阶段在所有必要条件中已被取代，相反，它们是当代社会一个基本僵局的症状，在当代社会中，孤立的要求被推向某种幻影般的链接，这将导致新的政治重组的形式。除了德里达对党派形式的历史局限和一个生成中的“新国际”（New International）
77 的敏锐暗指外，后者并未得到详细说明。然而很明显，在构建一个政治重组理论方面的进展关键取决于如何来构想一般的经验结构——允诺——与经典解放计划的内容之间的转换。

这是《马克思的幽灵》的论证中可以被考虑的第三个层次：它在作为（后）先验或（后）本体论的（非）基础的允诺与一个解放计划的伦理和政治内容之间所建立的联系的类型。在这一层次上，我认为关于幽灵的论证不能令人信服。因为在这里，不合理的逻辑过渡很容易发生。我不一定是指德里达正在进行这种过渡，但无论如何，这种过渡常常在许多解构的捍卫者那里发生，而且德里达文本的含糊不清也给予了一些凭证。这种不合理的过渡认为，根据在场不可能封闭在自身中，根据一个本体论的前提——在这个前提中，对事件、对异质之物和对根本上的他者的开放是构成性的，某种负责任的、对他者的异质性敞开的伦理命令随之而来。

这种过渡是不合理的，有两个原因。第一，因为如果这种允诺是所有经验的“生存的”构成部分，那么它先于任何命令存在。[这就像奥尔特加-加塞特（Ortega y Casset）批评的唯意志论观点一样：一方面，它断言生命是构成性的不安全；另一方面，它引发了一种危险的生活的命令式，好像是否去做是一个选择问题。]但是，第二也是最重要的是，由于不可能有最终的封闭和在场，并没有道德上的必要去“培养”这种开放性，甚至更没有必要致力于一个民主社会。我认为后者当然可以从解构主义者的角度来辩护，但是这种辩护在逻辑上无法从构成性的开放性中获得——必须依靠更多的东西来论证。正是因为构成性的开放性中固有的不可判定性，不同于甚至反对“即将来临的”民主的伦理政治运动才得以开展——例如，因为存在最终的不可判定性，结果是，不会有结构的内在倾向去封闭或充实在场，要维持这种封闭必须从外部**人为** 78
地造成。这样，我们便可以从解构主义前提开始，呈现极权主义的情况。当然，极权主义的论证和民主主义的论证一样毫无规律：鉴于结构性的不可判定性的情况，任一方向都是同样可能的。

到目前为止，我们从“本体论”一侧入手，提出了我们的观点，结构的有待判定性和伦理命令之间不存在关联。但如果我们转向“规范”（normative）一侧，结论会非常相似。为了论证方便，我们假设向他者的异质性开放是一个**伦理**命令。如果一个人从表面上看待这个主张，那么一个人就不得不得出结论：我们必须接受他者是不同的，只是**因为**她是不同的，无论这种异质性的内容是什么。这听起来不像伦理命令，而像是伦理的虚无主义。如果这个论点被重新表述为，对他者的开放不一定意味着被动接受她，而是积极介入，包括批评她、攻击她，甚至杀害她，那么整个论证开始显得相当空洞：人们在没有任何伦理命令的时候，还可以做什么呢？

我认为，解构对伦理和政治都**有**重要的影响。然而，这些后果取决于解构能否深深根植于自身的激进主义，并避免陷入列维纳斯伦理学的所有问题（其宗旨是将伦理学作为第一哲学而提出，这对任何解构主义者来说都是可疑的）。我这样看待这个问题，有待判定性应该根据字面意思被理解为没有任何行动必然随之而来的情况。这意味着我们不应该将其作为伦理或政治领域中的任何**具体**决定的必然依据。在第一个运动中，解构将有待判定性——它使做出决定成为必要——扩展到更深层次和更大的社会关系领域中。从这个角度来看，解构的作用是**重新激活**构成任何**沉淀的**社会关系基础的决定时刻。这一运动的政治和伦理的意义在于，通过扩大结构的有待判定性的范围，它还扩大了责任的范
79 围，即决定的范围。（用德里达的术语来说：和法律相比，正义的需要变得更加复杂和多面。）

但是这一运动立即被另一个相反的迹象抵消，这个相反的迹象也是解构的关键。把有待判定性视作位于任何自给自足的“在场”之下的一个无底深渊，仍然会保留太多的“基础”形象。有待判定性 / 决定的二元性只是归属于任何结构安排之逻辑的东西。

在这个意义上，无基础（Degrounding）也是奠基（grounding）操作的一部分，只是这种奠基不再将某些东西引回作为推导原理的基础，而是将其重新铭刻在使之成为可能的不确定因素的范围内（反复、重新标记、差异等）。所以，回到我们的问题，它不再是寻找一个伦理命令应该从中**衍生**出来的基础的问题（更不用说使不可判定性本身成为这样一个基础）。我们作为利用现成材料进行构筑的人，生活在多元化的世界中，必须在不完整的规则体系中做出决定（这里的不完整意味着不可判定性），而其中一些规则是伦理的规则。正是因为这种构成上的不完整性，所以必须做出决定，但是因为我们面临着的是不完整而不是完全的剥夺，所以一个**总体的**伦理基础的问题——要么通过对他者的他异性开放，要么通过任何类似的形而上学原则——永不会出现。“时代是脱节的”，但正因为这样，从来也没有时间的开始或结束。民主不需要有——也不可能有根本性的基础。只有通过多元化的民主行动，我们才能走向一个更民主的社会。如德里达充分理解的那样，时代的完满永远不会到来，甚至也不会作为一个调节的观念而到来。

然而，这给我们留下了一个问题：如何在这个框架内构想解放。一旦我们脱离了经典解放模式的末世论维度，什么样的集体的重新聚集对我们开放？这将是我最后要讨论的，并且通过将德里达的干预置于批判和重塑马克思主义的传统之内来进行探讨。

传统的问题

80 德里达非常令人信服地认为，人们只能从一个传统内部来思考，并且表明只有当人们将自己与过去的关系视为一种批判性接受时，这种思考才有可能。现在，在我看来，自世纪之交以来对马克思主义的接受已经扭转了对两个基本且相互联系的问题的讨论：(1)如何调节——如果可以做到的话——马克思思想的各个矛盾的方面，在德里达的术语中，这涉及“本体论”和“幽灵”；(2)一旦将工人阶级与解放中介相等同的显著性开始消散，如何思考政治意愿和社会要求的重新聚集形式。我的论点是，解构主义的干预代表了与这两个问题有关的关键转向。为了说明这一点，让我们概括一下重铸马克思主义的主要经典尝试的大致思路：

1. 第一种趋势代表了对马克思思想的本体论维度(在德里达意义上)的强调。由于一切形式的扭曲表现的消除，社会与自身的绝对和解得以实现。这些表现的消除将是无产阶级革命的结果。这种倾向可以在一个庸俗的唯物主义者的版本[例如，普列汉诺夫(Plekhanov)]或在一个明显“超结构主义”(superstructuralist)的版本中找到，集中在一个“虚假意识”的观念中(如在卢卡奇那里)。这里没有集体意志的重新聚集(革命中介是工人阶级)，人类解放通过完全成熟的末世论固定在其内容上。

2. “伦理”社会主义的各种形式将会在伯恩斯坦(Bernstein)

以及奥地利马克思主义（Austro-Marxism）的某些潮流中被发现，所有这些倾向的共同特征是返回康德的二元论。在这里，本体论维度变得更弱："历史的必然规律"变得更加不稳定，解放的中介变得更加偶然和不确定，而**终极目标**（*Endziel*）失去了大部分的末世论的精确性。然而，已经在一个客观历史层面上消失了的必然状态（determinacy）在一个伦理调节理念的层面上恢复了。政治决断的环节和在马克思主义正统中一样是缺失的。

3. 索雷尔-葛兰西传统；正是在这里，幽灵的维度最终占据上 81
风，扎根于客观历史的本体论基础的社会表现开始消解。对于索雷尔来说，阶级的统一是虚构的统一。对于葛兰西来说，集体意志的统一产生于有机的意识形态的构成性作用。历史成为一个开放的、偶然的过程，不反映任何更深层次的潜在现实。对我们来说，两个方面很重要：（a）具体物质力量与它们在经典马克思主义方案中实现的功能之间的联系变得松散和不确定。"集体意志""有机意识形态""领导权集团"等成为空洞的形式，可以被任何可想象的政治和社会内容填充。它们当然扎根于一个解放的辩证法，但由于解放不是必然与任何特定的内容联系在一起，它变成了历史生活中的"生存"，不再是具体事件的宣告。现在，这难道不是对一个末世论的弥赛亚主义的解构吗：弥赛亚允诺的自动化来自这些内容，它附属在"实际存在"的弥赛亚主义中。（b）伦理和政治之间的区别是模糊的。伦理政治的环节表现为一个整体。这当然可以用一种黑格尔的方式来解释，但我的论点是，葛兰西的干预真正攸关的是伦理的政治化，因为建立社会链接的行为是预先假设了权力关系的偶然的决定行为。这给予了政治和作为支配任何政治干预的逻辑的“领导权”以“本体论”的优先性。

我已经足够清楚地表明，对我来说，解构主义只有作为对这最后一个趋势的延伸和激进化，才既可以作为马克思主义传统的铭文，也可以作为转折点通过转向、深化、取代后者来展现自身。我对《马克思的幽灵》的乐观解读是，它在这个任务的执行上迈出了一步。我仍然看到实现这一目标的主要障碍——至少就德里达而言——是以前指出的，作为决定的激进化的地带的不可判定性，
82 与作为伦理命令的来源的不可判定性之间的模糊性，仍然在德里达的文本中徘徊。然而，一旦这种模糊性被取代，解构就可以成为战略性思考的最有力的工具之一。

这种以解构方式对政治进行的重新思考可以（如果我们从马克思主义传统开始）产生三种类型的效果。首先，如果我们考虑马克思主义中的第三种趋势，我们可以重塑和扩展它的范畴体系，远远超出索雷尔和葛兰西所能使用的知识工具。就差异逻辑而言，这种重铸可以为通向更精致的战略思维形式开辟道路。

其次，在当今世界，领导权重组的逻辑面临着比葛兰西更严峻的挑战。与形成马克思主义模式的社会相比，我们的社会远不那么同质化，集体意志的构成发生在更复杂的权力关系交错的地域，**尤其是**大众传媒发展的结果。在场的形而上学的消亡不是纯

粹的智力操作，它深深地铭刻在最近几十年的整个经验中。因此，解构主义面临着在当今社会这种复杂的经验中重新树立马克思主义模式的挑战。

最后，在马克思的文本中进行解构操作，有助于解决第三项极其重要的任务：将马克思主义本身及其所有的话语组成部分重新刻写为更广泛的解放话语史中的一个时刻。德里达与当前的对马克思主义传统的遗忘做斗争是正确的。但我们不要犯相反的错误，认为马克思主义的历史与解放计划的历史重叠。除了马克思的幽灵，实际上还有更多的幽灵正在拜访和重访我们。本雅明的天使应该成为一个象征，不断让我们想起复杂多面的传统。我记得童年时代的阿根廷，在连续演出的电影院有一个公告，“在您到达的时候，电影开始”。那么，我认为“解放”是相反的：这是一个我们总是迟到的演出，迫使我们痛苦地猜测它神话的或不可能的起源。然而，我们必须投身于这个不可能完成的任务，这是赋予解构意义的因素之一。

注释

[1]有关领导权概念的基本形成可以在拉克劳、墨菲的《领导 83
权与社会主义的策略》的第三、四章找到，我已经在《关于我们时代的革命的新思考》中重新界定了这一概念的基本维度，把它与“错位”的范畴更紧密地联系起来。

参考文献

Critchley, Simon. ‘On Derrida’s Spectres of Marx’, Society for Phenomenology and Existential Philosophy, Seattle, October 1994. Forthcoming in *Philosophy and Social Criticism.*

Derrida, Jacques. ‘Force of Law: The “Mystical Foundation of Authority.”’ in Drucilla Cornell et al.(eds.). *Deconstruction and the Possibility of Justice*, New York, Routledge 1992; *Spectres of Marx: The State of the Debt, the Work of Mourning, and the New International*, trans. Peggy Kamuf, New York, Routledge 1994.

Laclau, Ernesto. *New Reflections on the Revolution of Our Time*, London, Verso 1990.

Laclau, Ernesto, and Chantal Mouffe. *Hegemony and Socialist Strategy*, London, Verso 1985.

第六章

权力与表现

本章的目的是探讨我们所谓的“后现代状况”对于政治理论 84
和政治行动所产生的某些后果。今天，人们普遍感到，现代性宏大叙事的衰竭、公共空间边界的模糊以及不可判定性逻辑的运用——似乎正在剥夺集体行动的所有意义——正导向一种政治上的普遍退却。我想尝试去探究这一主张，并以对一些最基本的关于现代政治方法的假定的考察为出发点进行探讨。基于任何重大政治干预的**意义**的视角，我们发现，在现代性中存在一种普遍的信念，即前者必须发生在社会**基础**的层面上，也就是说政治拥有进行社会的**彻底变革**的手段，无论这种变革被认为是一种开创性的革命性行动，还是开明的精英们所采取的一系列有组织的官僚主义措施，或是一种单一的行动，为那些能够自动展开以产生“社会效应”的机制的运作打开通道。另外，还有一个**构架**的问题，有助于从概念上把握这种政治干预。这是由**社会整体**的观念以及一系列随之而来的因果联系提供的。正如已经指出的那样，[1]如果我们将马基雅维利和霍布斯视为现代政治方法中的两个对立面——前者的分析聚焦于社会**内部的**战略分析理论，后者则聚焦于作为总体的生产机制的社会——那么霍布斯主义就构
85 成了现代政治理论的主流。这促使我们走向构思当代政治行动的第三个特征：彻底的**表现力**（radical *representability*）。不可能不是这样；如果存在社会的基础——这是社会可理解性的条件——并且如果社会只能被认为是一系列有序的影响，即一个总体，那么其意义源自这样一个基础和这样一个总体的行动必须对自己完全透明，并因此具有无限的表现力。同时，这种透明度和表现力必须被转化为历史变革的**主体**。有限的历史行动者只能在无法了解其行动的含义、他的意识是“虚假的”的范围内去执行一项普遍任务。但正如黑格尔和马克思所熟知的，缺乏自身表现的镜像的社会整体是不完整的社会整体，也因此根本就不是社会整体。只有实质与主体以及存在与知识之间的全面和解，才能消除理性与现实之间的距离。但是，在这种情况下，表现成为整体自我构成中的一个必要的时刻，只有消除了行动和表现之间的区别，后者才能实现。只有无限的历史行动者——“一个普遍的阶级”(universal class)——才能废除这种差别。基础通过一个废除所有异化表现形式的普遍的阶级变成主体，而主体则通过废除由客体构成的所有外部限制而成为基础，这种双重运动是现代历史和社会观的中心。

这四个特征融合在第五个特征中，它可能被认为是现代政治方法的真正的视域：一旦政治的最后基础完全可见，权力就变成了一个纯粹的附属（apparientia1）现象。这种降低的原因是显而易见的：如果一个社会组织对另一个组织行使权力，那么第二个社会组织将以非理性的方式经历这种权力；但如果说历史是一个纯粹理性的过程，那么权力的非理性就一定是纯粹的附属性的。在这种情况下，要么历史理性是属于主导群体的话语，并且被压迫者的主张是对更高理性的必要但扭曲的表达，而这种更高理性根 86
据其自身的可能性条件产生了不透明的区域；要么被压迫者的话语是包含了更高理性的种子的话语——在这种情况下，其完全实现涉及消除任何不透明性（也因此消除任何权力）。在第一种情况下，强制和不透明性确实存在；但是，由于占主导地位的组织的权力是完全理性的，对权力的抵抗不能着眼于外部，而只能从权力内部入手；在这种情况下，这种残忍统治事实的强制性和不透明性只能是形成权力合理性所必需的附属形式。如果统治的系统是理性的，那么其压制的特性只能是附属的。这只给我们留下两个选择：要么主导组织的凝视（gaze）是完全理性的，在这种情况下，该组织是一个无限的历史行动者；要么主导组织与被主导组织两者都是局部的和有限的，在这种情况下，完全理性的属性便自动转移到历史的分析者中。重要的是，在这两种情况下，权力的现实以及历史的表现力处在一个反比关系中。

这些现代性的鲜明特色深深地植根于我们社会和历史的构思

形式中，以至于最近对它们提出疑问的尝试（通常被称为“后现代性”）已经引发了一个倾向，即通过对它们内容的简单否定来代替它们的纯粹缺席，这种否定继续存在于那些积极特征已经划定的知识领域中。因此，否定一切社会内容都有使之具有确切含义的基础，可以很容易地转化为主张社会完全没有意义的论断；质疑历史变革的推动者的普遍性，往往会导致这样一种主张，即所有历史干预都受到均等且无望的限制；并且呈现表现过程的不透明性，经常被认为等同于否认表现是可能的。当然，在根本意义上很容易表明，这些虚无主义的立场继续栖居于它们试图与之疏远的知识领域中。例如，断言某事无意义，就是断言一种非常经
87 典的意义概念，只是补充说明这种意义是缺席的。但是，从更重要的意义上讲，有可能表明，这些看起来彻底的逆转只能通过明显可见的不一致来获得它们所承载的任何说服力。如果我得出结论——正如我稍后会得出的那样——无法获得纯粹的表现关系，因为在表现过程的本质上，表现必须有助于所表现的身份，这不能在缺乏不一致的情况下转化成这个命题：“表现”是一个应该被取消的概念。在这种情况下，我们将只剩下被表现者以及表现者的裸体身份，它们是自给自足的身份，这恰好应对了这种假设：对表现观念的整体批判是受到质疑的。同样，对普遍的行动者思想之中隐含的“普遍性”观念的批判，也不能转变为对所有行动者同等一致的限制的论断——因为我们可以问自己，是关于什么的限制？答案只能是，就结构而言，它平等地限制了**所有**主体，从

这个意义上说，它承担着一个真正普遍性的作用。最后，为了从根本上变得彻底无意义，某种事物需要一个相对的完整意义的存在来作为它的可能性条件。无意义源于意义，或者正如在一个完全相同的命题中所断言的，意义源于无意义。

对于这些只是通过简单地颠倒其基本原则，而仍处于现代性的领域内的思想运动，我想提出另一种替代策略：与其颠倒现代性的内容，不如**解构**使可供选择的现代性/后现代性得以可能的领域。也就是说，与其停留在两极分化中，其选择权完全由现代性的基本范畴所决定，不如表明后者并没有构成本质上统一的部分，而是一系列偶然性链接的沉淀结果。重新激活这些链接偶然性特征的直觉，将产生一个宽广的视野，因为其他链接——同样是偶然的——也将会显示它们的可能性。一方面，这涉及一种对于现代性的新态度：不是与它彻底决裂，而是一种关于其主题的新调整（modulation）；不是放弃其基本原则，而是从不同角度对它们领导权化。另一方面，这也涉及政治领域的扩大，而不是撤退——一种结构上不可判定性领域的扩大，它打开了一条通向政 88
治决策领域扩大的途径。正是在这里，“解构”和“领导权”作为单一行动的两个方面展示了它们的互补性。我现在将要讨论的就是这两个方面。

我将通过参照解构主义的一个原初文本开始讨论：如德里达在他的《声音与现象》（*Speech and Phenomena*）这本书中所呈现的，胡塞尔关于意义与知识之关系的分析（他的方法的“形式主义”与“直觉主义”方面)。在第一次运动中，胡塞尔把意义从用对象的直观来充实它的必要性中解放出来。也就是说，他把意义从知识中解放出来，诸如“方圆”这样的表达式确实有意义：这种意义使我可以说它指的是不可能的对象。作为结果，意义和对象的充实不一定彼此需要。此外，德里达得出结论，如果可以严格地将意义和知识区分开，那么当不发生这种充实时，意义的本质就会更好地展现出来。但是，在第二个运动中，胡塞尔迅速关闭了建立在知识和意义之间的这种缺口所打开的可能性：

> 换句话说，真诚的和真实的意义就是说真相的意愿。这种微妙的转变将理念(*eidos*)融入目标(*telos*)中，将语言融入知识中。虚假的话语很可能符合话语的本质；但是当它是真实的时候，它就获得了自身的完满性。人们可以说“圆是方的”，然而，有人在说它不是时，说的是对的。第一个命题中已经存在了意义，但是由此得出意义并不有待于真相这个论断是错误的。它不会像期望真理一样等待它；它只是作为真理的预期发生在真理之前。事实上，宣布实现的目标，对以后允诺，已经预先开放了意识与对象的关系。[2]

德里达分析的解构环节中重要的一点是，如果“意义”和“对象直观”不是以目的论的方式相互关联的，那么在这种情况下，从意义的角度来看，无论后者是否会被纳入知识中，它都是不可判定的。如德里达指出的，在这方面，乔伊斯（Joyce）追随的路径与胡塞尔的路径截然不同。但是，如果胡塞尔把意义从属于知识，并且如果意义的本质不要求这种从属，那么它只能是相对于意义的偶然干预的结果。这是德里达称之为胡塞尔的“伦理-理论决 89
断”的结果。我们看到，解构干预带来的结构不确定性领域的扩大如何同时扩大了决策所要填补的领域。现在，发生在不可判定的领域中的偶然干预，正是我们所说的**领导权**干预。[3]

我想更详细地探讨解构主义和领导权之间相互蕴含的关系。解构主义行动展现的不是意义与知识之间真实的**分离**，因为两者在胡塞尔的文本中是紧密联系的——事实上，后者的统一性源自这种双重要求，即意义必须**从属于**知识并且与知识**区分开**。因此，解构干预首先展现的是一种连接的**偶然性**，其次，展现的是一种偶然性的**连接**。这对我们的论点有着重要的影响。如果只是偶然性的维度被强调，那么我们只是断言了两个身份之间的联系的综合特征，每个身份本身都是完全构成的，不需要自身之外的任何东西来实现完全构成。我们将处在一个纯粹分散的领域中，这将是一个新的、矛盾的本质主义形式，因为每一个单一的身份都应该被定义在自身（第一极限）中，并且由于分散是物体之间的**关系**的一种形式，它需要一个作为那种分散（第二极限）可能性基础和条件的操作领域——在这种情况下，身份归根结底不是单一的。因此，与其他事物的联系对于任何身份的构成是绝对必要的，并且这种联系一定是偶然的。在这种情况下，具有偶然的连接和偶然性属于事物的本质，因此成为事物本质的必要部分。这使我们得出以下结论：如果意外的发生是物质的一个基本特征——或者，如果偶然性是必然的组成部分，那么这就意味着，在任何结构内都存在着一个必然的不可判定性（“结构”是指由多个时刻构成的
90 复杂的身份）。结构要求偶然连接作为其身份的必要部分，但是这些连接——正是因为它们是偶然的——不能从结构中的任何逻辑点导出。于是，这种事实——只有一种可能的路径可遵循，只有一种可能性的偶然联系可实现——从结构内部是不可判定的。只要它是一系列的偶然联系的实现，结构的“结构性”就无法在其内部找到这些连接的来源。这就是为什么在德里达的分析中，必须将胡塞尔的伦理理论**决定**作为一个基本要素提出来，以便建立知识和意义的从属关系。某一组结构性连接的外部来源就是我们所说的**力量**（*force*）。[4]

这正是解构与领导权相互交叉的地方。因为如果解构在结构的不可判定性之外发现了决定的作用，那么领导权作为在不可判定的领域中做出的决定的理论，就需要通过解构来完全展现该领域中存在的连接的偶然性特征。领导权范畴的出现是为了在理论领域内思考社会关系的政治特征，该理论领域已经见证了马克思主义经典概念“统治阶级”的瓦解——后者被认为是一个完全构成的结构的必要和内在的效应。领导权的链接从一开始就被认为是偶然的、不稳定的和务实的建构。在葛兰西看来，这就是为什

么存在一个持续的努力去打破结构中客观社会位置与领导权代理人的认同。他的“集体意志”的概念正好实现了这种突破，就集体意志而言，它被认为是不稳定的社会代理，具有不精确和不断重新定义的边界，并且它通过多重社会身份偶然的链接和联系构成。在这个意义上，领导权干预的两个核心特征是领导权链接的**偶然性**特征以及它们的**构成**特征，在这个意义上，他们在一个原始的意义上建立社会联系，而不是依赖任何先验的社会理性。

然而，这带来两个问题：第一个指向做出决定的外部实例。这难道不是通过主体重新引入一个新的本质主义吗？这难道不是 91
用通过代理人干预的主观封闭来替代结构的客观封闭吗？第二个问题是关于结构偶然性的可见性条件。出于一些会在某个时刻变得很明显的原因，这两个问题必须按照刚才提出的顺序依次解决。

关于第一点，这个问题很明显不能基于一个简单的断言来解决，即断言这种把戏是通过一个主体——这个主体在其计划周围重新排列错位结构的分散元素——来完成的。事实上，主体和结构之间的关系远比领导权链接涉及的这种简单化形式所表明的关系更复杂。由此产生了一个明显的问题：谁是主体，其构成的领域是什么？如果我们想避免简便轻率的解决方案，那么就必须回答这个问题。第一个答案涉及的是举止得体且“开明的”马克思主义：存在一个构成社会机构的主要领域——生产关系——以及一个将要被领导权化的分散元素在其上起作用的次要领域。这样，我们处于两全其美的境地：我们可以充分发挥代理人在领导权链接工作上的作用，而不会落入任何陈旧的主观主义；我们可以保持历史变革的根本动因的观念，而不必放弃多种多样的社会生活；我们可以自由地驾驭历史偶然性的有趣游戏，知道可以用纪律的手段来把它们带回到——“在最不可能的情况下”——结构性约束的严峻世界。多么美丽整洁的小世界！当然，这一图景的缺点是，如果两个层次之间的分隔完全有效，那么我们必须明确说明这种分离于其中发生的整体；而如果有这样一个整体，那么偶然性就不是真正的偶然性。如果这种偶然的**限制**是必然的，那么这些限制就是这种偶然身份的一部分。相反，由于必然的限制是偶然变化的限制，那么变化的存在对于限制的存在来说是绝对必然的，并且正如我们早前断言的，在那种情况下，偶然性变成必然的。毕竟，相比我们正统的马克思主义者的整洁蓝图，这个世界更加狂野和不可预见。

92 所以，让我们重新洗牌，并再次开始游戏。领导权主体不可能存在一个与其所属结构不同的构成领域。但是，如果主体只是结构内部的一个主体位置，后者则将完全封闭，并且不会存在任何偶然性，也无须去领导权化任何事情。我们的问题的表述如下：领导权意味着**偶然**链接；偶然性意味着相对于链接因素的链接力量的**外在性**，并且这种外在性不能被认为是在完全构成的总体内的各个层次的实际分离，因为那没有任何外在性可言。那么，我们如何不以一种结构性层次正向分化的结果来解释结构内部出现的外在性呢？只有结构与自身不完全和解，只有它被一种原始的缺乏和一种需要被决策行为不断替代的彻底不可判定性所占据时，这种情况才会发生。正是这些行为构成了**主体**，这个主体只能作为超越结构的意志而存在。因为这个意志在结构外部没有构成的位置，而是结构构造自身时所遭遇的失败的结果，所以它只能通过认同动作来形成。如果我需要认同什么，那是由于我在第一时间没有完整的身份。这些认同行为只能被认为是结构内部的缺乏的结果，并且具有这种缺乏的永久踪迹。偶然性以这样的方式展现：作为结构与其自身之间固有的距离。（事实上，这是所有的可见性和所有表现的矩阵：失去这种距离，可见便不可能发生。）

这引导我们走向第二个问题：结构偶然性的可见性条件是什么？部分问题实际上已经得到回答：在没有**预先确定的**特定内容来填补结构空白的情况下，正是各种内容在试图发挥这种填充作用时发生的冲突才使结构的偶然性可见。但这导致了另一个后果，这对我们的讨论更为重要。封闭结构的内容的偶然性的可见性要求，这样的内容被视作对结构的空隙漠不关心，并且在这个意义上等同于其他可能的内容。这意味着具体的内容与其作为结构内 93
的空隙填充者角色之间的关系是纯粹外在的——那恰好是偶然性所在的地方。但是在这种情况下，扮演填充角色的具体内容将会是构成性的分裂的：一方面，它是其字面的内容；另一方面——只要它完成一个相对于那种控制的偶然的功能 ——它将代表一个独立于任何特定内容的一般填充功能。在另一个文本中，第二个功能是我所称为的**完满的一般形式**。[5]因此，我们的第二个问题的完整答案将是：结构偶然性的可见性的条件是完满的一般形式与体现该形式的具体内容之间的空隙的可见性。在严重失序的情况下，对秩序的需要比后者的具体内容更为紧迫；这种失序越广泛，这两个维度之间的距离就越巨大，人们对将事情恢复到一定常态的政治形式的具体内容越漠不关心。[6]

现在，我们可以得出关于这种分裂的一般性结论。不难发现，如果要实现结构的完全封闭，分裂将被取代，因为在这种情况下，完满的一般形式将是结构固有的，并且不可能将其与结构的（字面意义上的）具体内容区别开来。只有当完满性被认为是结构缺乏的，一般形式和具体内容才可以区分开。在这种情况下，我们显然会保留一个简单的二元性：一方面，我们将拥有（部分解构的）结构；另一方面，如我们所看到的，我们将拥有各种部分等同的尝试去填充结构的空隙，去引入新的重构话语和实践。然而，用这种方式来表达这件事情是存在障眼法的，通过这种方式，一些本质上重要的东西被隐藏了起来。让我们仔细研究此事。一切围绕"等效性"范畴的地位展开，我们引入它来表征试图填补结构空隙的各种话语之间的关系的一个维度。这种等效性的可能性的条件是什么？让我们思考一下，关于生活在瀑布附近的人的著名
94 例子。他们一生都在聆听瀑布的噪音——也就是说，这种声音是他们正常情况下意识不到的一个永久的背景。因此，他们并没有**真正**听到噪音。但是，如果出于某种原因，有一天下落的水流突然中断了，他们将听到那些严格说来不能被听到的声音：安静。

安静是因此获得完满在场之物的缺乏。现在，让我们假设，这种安静是断断续续地被不同来源的声音打断的，这些声音以前因为下落的水流而无法被听到。所有这些声音都会有一个分裂的身份：一方面，它们是**特定的**噪音；另一方面，它们具有**打破**安静的等效身份。这些噪音是等效的，因为安静；但是安静只有作为一个从前的完满的缺乏才是可听见的。

然而，这个例子漏掉了一个社群缺乏（communitarian lack）的维度：后者是一个被剥夺的经历，而我可以完全漠视瀑布的噪音的在场或缺席。这就是为什么社会缺乏被视为无秩序、无组织，并且试图通过认同来取代它。但是，如果社会关系是一种话语关系，即通过意义过程而构成的符号关系，那么这种构成过程的失败，结构内部缺乏的在场本身就必须被表明。所以问题是，是否存在缺乏的在场的具体话语形式？这种在具体内容和一般完满形式之间的分裂是否有具体的表现方式？答案是肯定的，并且我会认为，完满的一般形式通过浮动的能指的话语存在展现自身，这种浮动能指是构成性的——也就是说，它们不是意义的偶然模糊的结果，而表示的是一种缺乏（结构中完满的缺乏）的结果。我们假设一个政治话语宣称，“工党比保守党更有能力保证**英国人民的团结统一**”。这样的命题在政治争论中相当常见，在这个命题中，我们有一个实体——“英国人民的团结统一”——在本质上与另外两者不同——工党和保守党。首先，这种团结统一是需要去实现的东西，所以，与其他两个实体相反，它不是实际存在的东西，而是缺席的完满的名称。但是，其次，工党和保守党所带来的那种政治团结在实质上有很大区别，如果**团结统一**这一术语意味着
95 与两个政治力量在同一层次上的一个具体的实体，那么这个命题几乎就是同义反复——这相当于“工党比保守党更有能力去确保英国人民的工党式的团结统一”。但显然原命题不打算**这么**说。所以，一方面，各种政治力量提供团结统一的具体内容，没有这些具体内容这种统一就不存在，另一方面，这些可供选择的具体内容中的任何一个都没有完全穷尽统一。“统一”是一个浮动的能指，因为其所指只能由对抗性力量提供的具体内容来确定；但同时，这种浮动不是纯粹的偶然和间接的，如果没有它，政治论证是不可能的，政治生活将是聋哑人之间的对话，在其中我们只能拥有不可通约的命题。前面提到的基本的分裂，其话语形式通过生成代表完满的一般形式的虚空能指而存在。在另一篇文章中，[7]我已经表明，如果“法西斯主义者成功地进行了共产主义者未能成功进行的革命”这种表述在20世纪20年代的意大利有任何意义，这是因为“革命”的能指是空的，它表现了人民的感受，即源自文艺复兴的旧秩序已经过时，意大利这个国家需要被彻底重建。

我们举最后一个例子。在几年前发表的一篇文章中，[8]昆廷·斯金纳（Quentin Skinner）质疑了斯图尔特·汉普希尔（Stuart Hampshire）呈现自由主义者与马克思主义者之间的假想对话的方式。[9]根据汉普希尔的说法，分歧围绕**政治**一词的含义展开：马克思主义给予它广泛的应用，而自由主义的使用则受到更多的限

制。然而，对于斯金纳而言，这一争端所涉及的不仅仅是术语的含义，因为根本不清楚为什么被赋予一个术语的各种无法通约的含义将会建立一个偏向其中一种而非另一个的标准。他得出结论：

> 如果马克思主义者是真正地去说服自由主义者分享或至少承认一些政治见解，那么他需要提出两点。其一，当然是“政治”这个术语可以适当地应用到一系列的行动中，自由主义者从来没有考虑过在这些地方应用它。但另一点，他对这个术语的应用要求自由主义者去承认，这不是关于术语的意义的分歧，而在于这样的事实，即一个自由主义者是一个具有狭隘的政治敏感性和觉悟的人。[10] 96

我同意斯金纳的两点意见，但我想补充一些关于这两个操作所涉及的对话过程。正如斯金纳本人所指出的那样，只有当马克思主义者能够以某种合理的理由声称他或她是根据其**约定的**意义来使用这个术语，才能使自由派相信**政治**一词可以适用于它以前没有包含的一系列行动。[11] 现在，如果自由主义者没有意识到这种约定的意义涵盖了马克思主义者所指向的那种情况，那可能是由于以下原因之一：要么是因为**逻辑**错误，要么更合理的是，因为“狭隘的政治敏感性和觉悟”。所以，斯金纳的两个意见彼此之间并没有真正的不同；在一个约定的意义的基础上将一个术语应用到一系列新的行动中，作为一个必要条件，需要用消除了狭隘的政治敏感性的术语来**重新描述**给定的情况。但基于此，我们的进展很少。为什么要完全接受重新描述？如果一些人在描述 A 中是非常幸福的并且被很好的安置，那么他或她就没有任何理由移向另外一个描述 B。走出这个僵局的唯一道路是，描述 B 并非来取代一个完全充分的描述 A，而是提供了一种对于依据旧有范式已经变得日益难以描述的情况的描述。也就是说，说服的过程唯一可以运行的方式是，它从信念的缺乏转向信念，而不是从一种信念到另一种信念。这意味着，新的语言的功能是去填补一个空隙。因此，斯图尔特·汉普希尔认为两个独立的思想世界之间没有选择的可能性——是正确的；但是，斯金纳坚称争论不仅仅关于术语的意义而且关于更广泛的重新描述，也是正确的。如果我们同意成功进行重新描述的条件是它不仅取代了旧的，而且填补了对某一种情况的一般可描述性方面打开的空隙，那么有效的重新描述将具有分裂的身份：一方面，它将是其自身的内容；另一方面，它将体现可描述性的原则本身——就是我们所谓的完满的
97 一般形式。如果没有第二个意指秩序，如果没有我们所说的通过具体描述来领导权化可描述性的一般形式，那么我们将处在斯图尔特·汉普希尔的“分离的思想世界”中，并且没有任何政治话语之间的互动的可能。

先前的进展提供了一些要素来解决我们最初的问题：如何超越现代性的历史视野，而不陷入排他性的现代性 / 后现代性二选一的陷阱（在这一陷阱中，第二极内容的纯粹消极特性意味着第

一极内容继续主导，不受挑战)？如何超越一种其自身的逻辑恰恰再现了它要质疑的东西的虚无主义？我们的论点是：第一，正是前文讨论的结构不可判定，在接受其所有的激进后果的情况下，使得超越现代性及其虚无主义反面成为可能；第二，这种对现代性的超越，不在于放弃它的所有内容，而在于其视野(我必须说明的范畴)的维度的丧失。我在讨论第一点时，将与当代社会中表现和权力的逻辑的运作相联系，并在之后讨论现代性的基础视野的危机问题。

首先是表现：表现过程涉及什么？本质上，是虚构某人存在于一个他或她实际上缺席的地方。表现是另一个人——代表——“代替”并同时“体现”被表现者的过程。当表现是传递被表现者的意志的直接过程时，当表现行为相对于该意志来说是完全透明的时候，似乎完美表现的条件将得到满足。这预设了一个前提，该意志被充分构成，且表现的作用在中介的职能中耗尽。因此，任何替代和化身固有的不透明性必须降至一个最低限度；发生化身的身体几乎是不可见的。然而，这是困难开始的地方。因为无论是从表现的一方，还是被表现的一方，都不能获得完美表现的条件——这不是经验上是否可达到，而是表现过程中固有的逻辑的结果。就被表现者来说，如果他或她根本上需要被 98
表现，这是由于他或她的基本身份在位置A中被构成，而可能影响这一身份的决定将在位置B处做出。但在这种情况下，他或她的身份是不完整的身份，而这种表现关系——远不是涉及完整的身份——对于该身份的构成来说是一个必要的**补充**。关键的问题在于确定该补充是否可以简单地从构成被表现者的原始身份的位置 A 中**推导**出来，或者如果它是一个**全新**的补充，在这种情况下，被表现者的身份通过表现的过程被转换和放大。我认为，总是后面这种情况。我们举一个很简单的例子，在这个例子中，表现对于拟要表现的“利益”构成来说贡献微乎其微：代表农民阶层的代理人，其最重要的利益就是维持农产品的价格。即便在这种情况下，代表的作用也远远超过了对一个预先建构的利益的简单传达。因为这种利益必须表现在国家政治的领域内，在那里许多其他的事情正在发生，甚至一些看似简单的东西，如农产品价格的保护也需要伴随着一系列势力和问题的谈判和链接的过程，这远远超过了位置 A 所能想象和推导的。因此，代表在一个复杂的现实中**铭刻**了一种利益，这个复杂的现实与这种利益最初于其中形成的现实并不相同，且在这种情况下，他或她建构并转移了这种利益。但是，代表因而也要转化被表现者的身份。被表现者的身份中的原初空隙需要表现过程所贡献的补充物来填充，从而在两个方向上产生了一个构成性的和不可化约的不可判定运动。在表现的过程中存在一种不透明性，一种根本的杂质，它同时是其可能性和不可能性的条件，代表的“身体”不能因某些根本的原因而被还原。在透明媒介中，完全的问责和传达根本不涉及任何表现。

99 因此，存在完美表现这一想法在逻辑上是不可能的——但是这并不意味着表现是完全不可能的。相反，问题在于，表现是一个不可判定的游戏的名称，它构架了各种各样不同的社会关系，但是其操作不能固定在一个理性可掌握的、最终单义的机制中。表现常常在民主理论中遭受批评，因为它给被认为是民主社会必不可少的问责制带来了困难，但大多数的这种批评是没有根据的。仅在选民的意志被其代表忽视或背叛的可能性中看到危险，是一种片面的观点。当然，存在许多其意志被忽视的情况，也存在许多系统失真的案例。但是，这种批评所忽略的是在这样一个意志的构成中，代表所扮演的角色。正如我指出的，如果在这种被表现的身份中有一个空隙需要表现的过程去填充，那么下述观点就是不正确的：代表机制在其中运行的社会领域的减少，必然导向对社会更民主的管理。生活在这样的社会中，我们越来越不能把单一的或初级的层面视为构成社会代理人基本身份的基础。这意味着，一方面，社会代理人正变得越来越具有“多重自我”，伴随着一个松散地整合在一起的和不稳定的身份；另一方面，社会上出现越来越多可以做出影响他们生活的决定的点。其结果是，“填充空隙”的需要不再是被添加到代理人的身份构成的基本领域中的“补充”，而是变成了一个**最初的**领域。在这种意志的形成中，表现的构成性作用——曾部分隐藏在更加稳定的社会中——现在变得完全可见。例如，国家政策可以作为代表的话语的一种层面，在这个层面上，代表的话语可以提出在其他破碎的身份之间建立链接和统一的各种形式。这意味着我们无法逃避代表程序的框架，而民主的替代品必须被建构为——增加这些表现从发源并围绕其运行的点，而不是试图去限制表现的范围和领域。

我们已经看到了一种情况，在该情况下，代表的话语必须填
100 充被代表的身份的空隙：话语将具有双重作用，正如我之前提到的，它既是一个特殊的填充者，又象征着填充的功能。但这意味着，这种二元性的两项之间的差距在现今的社会中必然会扩大，并且“代表”的作用将更加重要和更具构成性。这真的那么糟糕吗？通过不断扩大的空隙，难道越来越使我们远离具有民主管理的社会的可能性吗？我不这么认为，情况恰恰相反。在不能区分具体内容和一般完满形式的情况下，也就是说，在一个不需要表现的封闭世界中，不可能进行民主竞争。完全获得的认同身份的透明性将是所有决定的自动来源，这是荷马式英雄的世界。但如果在社会行动者的身份中有一个空隙，那么对该空隙的填充将必然产生填充内容和填充功能之间的裂缝，并且由于后者并不必然与任何内容相联，为了具体化完满的形式，不同内容之间将存在竞争。民主社会不是“最好的”内容在不受挑战的情况下占据主导的社会，而是一个没有什么是绝对获得的，且总是有挑战的可能性的社会。例如，如果我们想到民族主义和当今东欧种种民族身份的复苏，那么我们可以很容易地看到，民主面临的危险就在于围绕着完全成熟身份的这些组织的封闭，这种封闭只能加强他们最反动的倾向，并为与其他组织的持久对抗提供条件。相反，将这些民族纳入更广泛的整体中——如欧盟——才能为民主的发展创造基础，而这需要从自身分裂出来，需要在自身之外表现一个适当

的我。只有承认了错位身份的积极价值，民主才存在。霍米·巴巴（Homi Bhabha）等作家巧妙地提出的**杂交**（*hybridization*）这个术语在这里完全适用。但是，在这种情况下，民主社会的条件是构成性的不完全的——当然，它涉及最终奠基的不可能性。我们可以看到，这是一个非奠基（degrounding）的存在，它避免了不正当和贫瘠的现代主义 / 虚无主义二分法：它让我们面对的不是二 101
选一的基础的在场 / 不在场，而是对某种我们必须赋予其不可能性以积极价值的事物的无休止追求。

如果我们涉及的是权力，那我们处在同样的情形中，关于被解放社会的传统观念是一个权力完全被消灭的完全理性的社会。但是，正如我们已经看到的，对于解放概念所基于的社会理性观念而言，权力必须是纯粹附属的。这使我们看到了一种矛盾的情况。如果解放作为一个**真实的**事件是可能的——也就是说如果它有一个本体论地位，而不仅仅是人们虚假意识的内容——那么权力必须也是真实的。但是，如果权力是真实的，那么权力与解放自己的力量之间的关系一定是一个彻底的外在关系——否则就会有一个从权力到解放的理性的联系，解放将不会是真正的解放。困难在于，两种力量之间一个彻底外在性的联系是一个**偶然的**联系。因此，如果解放通过斗争的一个偶然过程消除了权力，那么它本身必须就是权力。然而，难道不能说一旦解放摧毁了权力，它就不再是权力了吗？不，因为完全的透明性和合理性在逻辑上不可能源自权力运行所固有的不透明性。只有当权力的推翻是一个已经将其转化为**必然**的一步的更高理性的表达时，解放才能是彻头彻尾理性的。正如我们所看到的，在这种情况下，它将不再是解放。于是，解放的条件——它与权力的彻底决裂——使得解放无法实现，因为它变得与权力难以区分。然而，其后果不是虚无主义的结果，即解放是不可能的，只有权力得以保留，因为我们的结论断言的是权力是解放的条件。如果所有的解放必须将自身构成权力，那么将会有多种权力——并且，作为一个结果，将出现多种偶然的和部分的解放。我们处在社会**内部**多种斗争的马基雅维利式状态下，而不是处在一个将变成社会根源的激进的重塑行
102 为中。被替换的是激进的两分法这个在逻辑上不可能的观念，它使解放与权力的消除同义。但是，正如杂质是表现过程固有的一样，权力作为所有社会身份无法根除的和构成性的维度，不应该被视为一种负担，而应该被视为新的历史乐观主义的来源。因为，如果权力的彻底消除是可以实现的，那么社会关系就完全是透明的，差异将变得不可能，并且**自由**将是一个多余的术语。事实上，我们将到达历史的尽头。

这引导我走向最后一点。在当代的经验中，我们见证的是现代性作为一个视域的终结，但未必是已经构成其内容的特定目标和要求的终结。我们称之为**视域**（*horizon*）的是，在同一时间建立构成任何可能对象的界限和领域的东西——并且因此使任何“超越”变得不可能。启蒙运动的理性、实证主义的进步、马克思主义的共产主义社会——这些不是在一个特定视域内的对象的名字，

而是视域自身的名字。在这个意义上，我在本章开始时指出的，现代政治观念的基本特征是牢牢扎根于被视为基本性视域的现代性的主要维度中。现在，概括我的主要结论，我可以断言视域的危机，它已经从多方面被指出，它非但没有导致社会的普遍崩溃和退出公共领域，反而第一次创造了关于社会的彻底的政治性构想的可能性。简单地来谈谈我们的五个特征，看看“后现代”的转向以何种方式将政治从其有限的现代联系中解放出来。

第一个特征是彻底的转变：如果这种转变被视为在合理可把握的社会层面上发生，那么这种转变就是理性的工作而不是我们自己的工作。超越我们的理性完全决定了将要发生的事情，而我们唯一的可能的自由是意识到必然性。正是在这方面，一个普遍的阶级只能是废除主体 / 客体二重性的无限的历史行动者。但是，如果不存在社会的基础，任何的历史干预都将是有限的历史代理人的工作。然而，这种限制不仅是通过一个由社会代理人赢得的新的自由进行了补偿，这种新自由的赢得归于他们成了自己的世 103
界的创造者。其结果是，这种彻底的转变的观念发生了位移：其根本性的特征是它涉及的局部变化的多元决定论所赋予的，而不是由其在基础层面上的操作赋予的。这就解释了为什么我们在现代政治方法中发现的第二个和第四个特征也被替代了。“社会总体”的范畴当然不能被放弃，到目前为止，所有的社会行动都发生在一个多元决定的地带中，它在一定程度上“整合”（totalizes）了社会关系；但是总体变成了一种视域的名称，不再是一个基础。

出于同样的原因，社会行动者试图努力克服其局限性，但在一个无限的历史主体的观念已经被抛弃的情况下，这种克服只能是构建高度多元决定的社会身份的实用过程。那代表性如何呢？很明显，如果不存在终极理性的社会基础，那么总体的代表性是不可能的。但是，在这种情况下，我们可以说"部分"的表现，这些表现在它们的限制范围内将或多或少是关于这个世界的充分图像。如果彻底的偶然性已经占据了基础的领域，那么任何的社会意义将是一种社会建构，而不是关于事物"在自身中"（in themselves）之所是的理性表达。结果是，在这种"解释的战争"中，权力绝不仅仅是附属的，而是社会客观性的组成部分。

从先前陈述的发展中，我们可以得出三个结论：第一，政治，远非仅仅局限于上层建筑，它还扮演了我们可以称之为**社会本体论**的角色。如果政治是在一个不可判定的领域——权力构成的领域内——做出的决定的集合，那么社会只能在已经模糊了自身的偶然性踪迹的权力的沉淀形式中构成。第二，如果从现代性到后现代性的运动发生在智识的和社会的视域的层面上，那么这种运动就不会必然涉及包含在现代性的视域范围内的所有对象和价值观的崩溃，相反，将涉及从不同的角度对它们进行重构。例如，启蒙运动的普遍价值不需要被放弃，相反，需要作为务实的社会
104 构成，而不是作为理性的一种必然要求的表达被展现出来。第三，我认为，先前的思考表明，一种后现代社会想象的建构方向应该改变：去表明这种积极的共同体主义价值观，这种价值观源自历

史代理人的局限性，源自社会关系的偶然性，以及源自社会组织管理自己的不可能性的政治安排。

注释

[1]S. R. Clegg, *Frameworks of Power*, London, Sage 1989, ch, 2.

[2]Jacques Derrida, *Speech and Phenomena*, Evanston, Northwestern University Press, p. 98.

[3]Ernesto Laclau and Chantal Mouffe, *Hegemony and Socialist Strategy*, London, Verso 1985.

[4]在某种程度上，这是德里达在他的以下文章中所采取的方向：'Force and Signification', in *Writing and Difference*, Chicago, University of Chicago Press 1978.

[5]参见书中的第一篇文章：*New Reflections on the Revolution of Our Time*, London, Verso 1990。

[6]在这个论点的基础上，我已经尝试建立了柏拉图和霍布斯之间的对照关系，同上书，pp. 68-72。

[7]见 chapter 7。

[8]Quentin Skinner, 'Language and Social Change', in J. Tully (ed.), *Meaning and Context: Quentin Skinner and His Critics*, London, Polity Press 1988, pp. 125-126.

[9]Stuart Hampshire, *Thought and Action*, London, Chatto and

Windus 1959, p. 97.

[10] Skinner, ‘Language and Social Change’, p. 126.

[11] Ibid.

第七章

共同体及其悖论：理查德·罗蒂的“自由乌托邦”

至今，反基础主义（anti-foundationalism）已经产生了多种知识和文化方面的影响，但很少涉及政治领域。尝试去有说服力地建立这一涉及政治领域的联系恰是理查德·罗蒂的工作的贡献之一。他在《偶然、反讽与团结》（*Contingency, Irony, and Solidarity*, Cambridge University Press, 1989）中，已经卓越地呈现了西方近两个世纪以来的知识转型，并以此为基础绘制了他称为“自由乌托邦”的社会和政治安排的主线。罗蒂并非要去尝试将他的（后）哲学方法作为其政治提议的理论基础来呈现，这种（罗蒂所拒绝的）尝试只是以一种反基础主义的话语“重新占据”失去的基础的领域。相反，反基础主义与其他多种叙事方式和文化干预共同创造了这种知识氛围，在其中某些社会和政治安排是可行的。

我将在本章中说明，尽管我赞同罗蒂大多数的哲学观点和立场，但是他“自由乌托邦”的观念也暴露了一些不足之处，而只有将罗蒂乌托邦中的自由特征重新纳入我们所谓的“激进民主”这一更广泛的框架中，这些不足才能被克服。[1]

一

106 首先，让我们总结一下罗蒂观点的要点。在书的开头，他用以下表述断言了他的主题：

> 这本书试图指出，如果我们不再勉强利用理论把公共与私人统合起来，从而能够心安理得地将自我创造的诉求和人类团结的诉求视为同样有效，却永远无法放在同一个尺度下衡量，那么情况会变得怎么样？本书勾勒出一位我称之为“自由主义的反讽主义者”（liberal ironist）的人物。我对“自由主义”一词的定义，转借自朱迪丝·施克莱（Judith Shklar)，她说所谓“自由主义者”，乃是相信“残酷是我们所作所为最糟糕的事”的那些人。根据我的用法，“反讽主义者”认真严肃地面对他或她自己最核心信念与欲望的偶然性，他们秉持历史主义与唯名论的信仰，不再相信那些核心的信念与欲望的背后，还有一个超越时间与机缘的基础。在“自由主义的反讽主义者”的这些无基础的欲望当中，包含了一个愿望，也就是希望苦难会减少，人对人的

侮辱会停止。[2] [1]

这些目标在一种后形而上学的文化情境中得以实现。

关于共同体的偶然性的具体政治讨论以《语言的偶然》和《自我的偶然》两章的内容为先导和背景。罗蒂指出两百年前，欧洲的知识生活发生了两个主要变化：人们日益认识到真理是虚构的而非发现的——这使重塑社会关系的乌托邦政治成为可能——以及浪漫主义革命，这引向了一种将艺术视为自我创造而非对现实的模仿的愿景。这些变化凝聚在一起，并逐步获得了文化领导权。德国唯心主义第一次尝试描绘出这种转变所带来的知识后果，但不幸的是最终失败了，因为它混淆了没有任何事物具有可以表现的内在性质这个观念，与时空世界是人类思维的产物这个截然不同的观念。浪漫主义时期，这些模糊的直觉背后真正隐藏的是，人们越来越认识到，现实没有内在的本质，但也认识到，现实会根据描述它的语言而看起来不同，并且不存在一种元语言（meta-language）或中性语言（neutral language），可以让我们在相互竞争的第一阶（first-order）语言之中做出决定。哲学论证不是通过对 107
表述（presented）在某种具体词汇中的一个论题的内在解构，而是通过一种竞争性词汇的表述（presentation）而进行：

1 参见中译本理查德·罗蒂，《偶然、反讽与团结》，徐文瑞译，商务印书馆，2003 年，第 6 页。

> 有趣的哲学鲜少以一个论题正反面意见的检讨为主，而通常是一个根深蒂固但已麻烦丛生的词汇和一个半生不熟但隐约透露伟大前景的新语汇之间，或隐或现的竞赛。[3] 1

罗蒂在这一点上忠于他的方法，只是放弃了旧有的对语言的构想，并且通过唐纳德·戴维森（Donald Davidson）的语言哲学，开始了一种新的重新描述的操作，与之相伴的是拒绝了语言构成表现或表达的媒介这一观念，以及与之相似的维特根斯坦的作为替代工具的替代词汇的构想。玛丽·海西（Mary Hesse）的“隐喻的重述”和哈罗德·布鲁姆 (Harold Bloom) 的“强大诗人”也为此被引证。

在说明了这种语言的偶然性之后，罗蒂进行了一个自我的转变。这里主要的英雄是尼采，（尤其是）弗洛伊德。对于尼采来说，只有诗人才能充分感知自我的偶然性：

> 换另一种说法，依照西方哲学传统的看法，个人生命的极致，就在于它突破了时间、想象和个人意见的世界，进

1 参见中译本《偶然、反讽与团结》，第 18 页。

> 入了另一个世界——永恒真理的世界。相对地，在尼采看来，极致生命所必要越过的重要关卡，不是时间与超时间真理的分界，而是旧与新的界线。他认为，一个成功极致的个人生命，就在于它避免对其存在偶然做出传统的描述，而必须发现新的描述。这正是真理意志（the will to truth）和自我超克意志（the will to self-overcoming）的差异所在；也是两种救赎观念的分野：一个认为救赎就是与一个比自己更伟大、更永久的东西接触，另一个认为——如尼采所言——救赎是“那一切‘曾是’皆重新创造为‘我曾欲其所是’”（recreating all “it was” into a “thus I willed it”）。[4] [1]

但是，弗洛伊德代表着自我去道德化过程中最重要的一步。他指出，我们良知的所有特征如何追溯到我们成长的偶然性：

> 他把道德意识加以“非普遍化”（de-universalizes），使道德意识变成诗人的创作一样，个人有个人的独特性。因此，他让我们把道德意识视为历史条件的产物，和政治及美感意识一样，都是时间和机缘的产物。[5] [2]

1 参见中译本《偶然、反讽与团结》，第 45 页。

2 参见中译本《偶然、反讽与团结》，第 47 页。

108 在罗蒂看来，尽管他们的许多观点是相似的，但是弗洛伊德的观点比尼采的观点更有用，因为前者表明，在进行精神分裂探索之前，保守主义的资产阶级只是表面上迟钝，而后者则“把大多数的人类贬为即将死去的动物”。[6] 1

最后，我们到达共同体的偶然性，应该对此进行更详细的处理，因为它涉及这篇文章的主题。罗蒂在这里发现了一个初始的困难：他既关注自由民主，也重视反基础主义，但是前者最初是在启蒙理性主义的词汇中提出的。接下来的两章，他试图捍卫的论题是，尽管这个词汇对自由民主的最初阶段至关重要，但是如今它已经成为其进一步发展和巩固的障碍。这涉及他努力以一种非理性主义和非普遍主义的方式重新构想民主的理想。

罗蒂首先清除了前进道路上可能存在的相对主义和非理性主义的责难，他引用了熊彼特（Schumpeter）的话说，“认识到一个人信念的相对有效性，然而坚定地拥护它们，这就是文明人与野蛮人的区别”；他在这个段落中还引用了以赛亚·伯林（Isaiah Berlin）的观点，“提出更多的要求也许是一种深刻且无法治愈的形而上学需要：但允许它确定一个人的实践是同样深刻和更危险的道德和政治不成熟的症状”。[7]这些断言，正是迈克尔·桑德尔（Michael Sandel）所要反对的：“如果一个人的信念都只是相对有

1　参见中译本《偶然、反讽与团结》，第 54 页。

效，那么为什么还要坚定不移地支持它们呢？”[8]因此，相对主义争论在其经典的术语中展开，罗蒂试图通过使相对主义变得不重要来介入这场辩论。他从抛弃两个绝对有效性的观念开始：对所有人和任何人都有效的东西被指认为绝对有效的——因为，在这种情况下，不会有任何绝对有效的有趣陈述；以及将这种东西等同于那些对所有未腐化的人来说都是合理的陈述——因为这预设了一个人性的分裂（神圣 / 动物），而这最终与自由主义格格不入。因此，唯一的选择是，将理性和非理性的说服形式之间的对立限制在语言游戏的范围内，在那里可以将信仰的根据（reasons）和非理性的信仰的原因（causes）区分开来。然而，这带来了有关词汇 109
转变的合理性的问题，而且因为在它们之间不存在一个中立的基础来做决定，范式、隐喻或词汇的重要变化看起来都有原因，但没有根据。但是，这将意味着所有伟大的思想运动，如基督教、伽利略科学或启蒙运动，都应被认为具有非理性的起源。对此，罗蒂得出的结论是，用对立的理性或非理性来描述不再有用了。罗蒂在这一点上引用了戴维森，后者指出一旦合理性的观念被限制为内部一致性，如果不对该术语的使用也进行限制，那么我们会发现许多自己欣赏的事物被称为“非理性”（例如，从欲望本身的角度看，压制某种欲望的决定将显得是非理性的）。如果戴维森和海西是正确的，隐喻是信念变化的原因而不是根据，但这并不能使它们成为“非理性的”；必须受到质疑的正是这种非理性概念。其结果是，有效性的问题本质上是开放的和对话性的。只有一个社会，在其中，一种禁忌制度和对主体次序的严格划分已经强加给每一个人，并且被所有人接受，有效性的对话性质才能被避免；但这种社会恰恰与自由主义完全不相容：

> 自由主义的核心概念是：若只涉及言论而不涉及行动，只用说服而不用暴力，则一切都行。之所以要培养这种开放的心胸，不是因为《圣经》教导我们真理是伟大的且战胜一切，也不是因为——如弥尔顿所建议的，在自由而开放的对抗中，真理必然得胜。这种开放的胸襟之所以要培养，应该以它自身为目的。所谓自由主义社会，就是不论这种自由开放的对抗结果是什么，它都赞成地称之为“真理”。这就是为什么企图为自由主义社会提供“哲学的基础”，其实并不适合自由主义社会。因为企图提供这类基础，等于假定了课题和论证具有一个自然秩序，这自然秩序既有限于新旧词汇的对抗，也凌驾于这种对抗的结果。[9] [1]

罗蒂通过一种对霍克海默和阿多诺的《启蒙辩证法》（*Dialectic of Enlightenment*）令人信服的批判来对待基础主义（理性主义）和自由主义之间的关系问题。他接受了他们的观点，即启蒙注入

1　参见中译本《偶然、反讽与团结》，第 77—78 页。

运动中的力量已经削弱了启蒙自身的信念，但罗蒂不接受他们的结论，即由此导致的自由主义在思想上和道德上已经破产。罗蒂 110
认为，主导历史过程或思想运动的开启的词汇从未在它们达到成熟时被采纳。在他看来，具有讽刺意味的思想远比理性主义更适合一个成熟的自由主义社会。

诗人和乌托邦革命者，在罗蒂的叙述中是核心的历史主体，扮演着“以社会自身的名义抗议社会中那些不忠于其自身形象的方面”的角色。他还在一个关键性的段落中，补充说：

> 这个取代似乎泯灭了革命家和改革者的分野。但是，在所谓的理想的自由主义社会中，这分野应该早已不存在了。在自由主义社会中，社会理想的实现乃是透过说服而非武力，透过改革而非革命，透过当前语言及其他的实务之自由和开放的交往，提出新实务的建议。但这就是说，理想的自由主义社会，其目标不外乎是自由，其宗旨不外乎一种意愿，亦即愿意静观这些交往的动向，并遵行这些交往的结果。自由主义社会的目标不外乎是希望诗人和革命家的生命好过一点，同时了解到这些人只透过文字而非行动，让其他人的生命难过一点。自由主义社会的英雄之所以是强健诗人和革命家，乃是因为这个社会承认，它之所以为它，它之所以具有它的道德，它之所以说它的语言，并不是因为它逼近了上帝的意志或人的本性，而是因为一些过去的诗人

和革命家说了他们所说的话。[10][1]

罗蒂通过将自由主义反讽者的形象与福柯(一个不是自由主义者的反讽者)和哈贝马斯(一个不是反讽者的自由主义者)做对比，使自由主义反讽者的形象成为焦点。在福柯那里，他特定地强调自我实现和自我享受。福柯不愿意去考虑自由社会的优势和改进，因为他更加关注的是这些社会依旧呈现出自我创造过程的方式。在某些意义上，这些社会甚至对其成员强加了更多在前现代社会中从未存在过的控制。罗蒂与福柯的主要分歧在于，在他看来，没有必要创建一个新的“我们”;“我们自由主义者”就足够了。对于哈贝马斯来说，情况则恰恰相反。对他来说，至关重要的是，民主社会的自我形象具有一个普遍主义的要素，这是通过
111 他所说的一个不受支配的交往的过程来获得的。即使要通过一种彻底的重铸，他也要试图去维持一座与启蒙的理性主义基础相关联的桥梁。因此，罗蒂与福柯的分歧本质是政治上的，而与哈贝马斯的分歧则完全是哲学上的。

最后，出于我们的目的，应该考虑罗蒂试图回应的两种可能的对于自由乌托邦的反对意见。首先，放弃自由社会的形而上学基础将会剥夺存在于其中的社会黏合剂，而这种黏合剂对于自由

---

1 参见中译本《偶然、反讽与团结》，第 88—89 页

制度的延续来说必不可少。其次，从心理学的角度看，不可能在成为一个自由主义的反讽者的同时，不对人的本质有一些形而上学的信念。罗蒂对第一个反对意见的回答是，社会不是通过任何哲学的基础聚拢在一起，而是通过共同的词汇和共同的希望聚拢在一起。过去，人们对大众丧失宗教信仰造成灾难性的社会影响也提出过相似的反对意见，而这个预言被证明是错误的。反讽主义者在本质上是精英主义者，并且没有对社会共同体的改进做出较多的贡献。他们从事的重述经常导向对人们最珍视的价值观的攻击和羞辱。最重要的是，尽管形而上学家也从事重述，但是与反讽主义者相比，他们具有优势，他们向人们提供了本质上是真实的东西，一种人们可以坚持的新的信仰。但在这里罗蒂说，主要困难是，人们正从反讽主义哲学家那里要求一些哲学不能给予的东西，例如：“为什么不能残忍”“为什么要善良”这类问题的答案。期望能够给出一个**理论上的**答案，仅仅是形而上学滞后的结果。在后哲学时代，叙事发挥了创造这些价值观的功能：

> 在反讽主义文化中，这项任务则被安排给那些专门从事私人和独特面向的具体描述的学科，尤其是小说和民俗志，让人们对那些不使用我们的语言的人所经历的痛苦，能

够感同身受。[11] 1

二

112 我在很大程度上同意罗蒂的分析，尤其是他的实用主义，以及他给出的关于在当代理论中所发生的事情的阐释。我当然认同他对社会秩序的任何形而上学基础的拒绝，以及他对哈贝马斯的批评。最后，我也赞同他对自由民主框架的捍卫。然而，我认为他的“自由乌托邦”中的有些东西根本行不通。我认为这不是细节或不完整的问题，而是他的“理想社会”的内部矛盾的问题。

让我们从他把自由社会定性为一种社会安排开始，在这种社会安排中，说服代替了力量。主要困难是，我不能像罗蒂做的那样，在两者（说服力和力量）之间建立起一种明显的区分。当然，在一种意义上，这种区分是显而易见的：在说服中存在一种共识的要素，而在力量中则没有。但是，问题依旧存在：在什么程度上，在说服或共识中不存在力量的因素？说服是什么？除了极端的情况，即以算法的方式向某人证明某事，我们进行的操作涉及在没有任何终极理性的基础上使某人改变其观点。罗蒂非常正确地把理性的范围限制到任何特定语言游戏的内部，但是困难依然存在，

1 参见中译本《偶然、反讽与团结》，第 134 页。

因为语言游戏不是绝对封闭的体系，所以它们中的决定，通过定义游戏结构的系统规则来判断，是不可判定的。我同意罗蒂和戴维森的观点，承认这个事实并不能为将决定描述为非理性的提供证明，而理性和非理性之间的全部区别没有多大用处。但我想指出的是一些不同的事情：那就是在那些条件下做出的决定将不可避免地包含力量的要素。我们以戴维森为例，他想改造自身并决定压制某种欲望，例如，一个酒鬼决定禁酒。从欲望的角度来看，只有压抑——那就是力量。并且，这种说法可以一般化，让我们考虑各种可能的情况：

情况 A

我面临着在几个可能的行动方针之间进行选择的需要，而我 113
正在玩的语言游戏的结构与它们是不相干的。在对这种情况做出评估之后，我得出结论，对于我的决定来说没有明显的候选项，但是我还是做了**一个**决定。很显然，在这种情况下，我已压制了其他的替代行动方针。

情况 B

我想说服某人改变他的看法。由于我想灌输给他的信念不是与他实际上拥有的信念相反的黑格尔式真理，我要做的不是**发展**（*develop*）他的信念，而是**取消**（*cancel*）它的存在。还是说回力量。让我们假设，在我的努力下我获得了成功。在那种情况下，他已经**改变**（*converted*）我的信念，但是力量的因素一直在那儿。我所能做的就是说服我的朋友成为我的盟友，杀死他的信念。因此，说服在结构上涉及了力量。

情况 C：

有两种可能的行动方针，两组人基于要挑选的不同行动方针而分开。由于两种行动的方针在局势的结构内是同样可能的，那么分歧只能通过力量来解决。当然，这种力量的因素将会以各种不同的方式来实现：要么通过一组说服另一组（我们又回到情况 B 中）；要么通过双方都接受的规则系统来解决分歧（例如，投票）；要么通过最后的手段（*ultima ratio*）。但重要的是，要看到力量的因素在所有的情况中都存在。

显然，罗蒂偏爱的那种社会是排除了情况 c 的第三种解决方案，但是这仍然带来了各种各样的困难。第一，鉴于说服是力量的**一种**形式，反对力量和说服力都是不可能的。这种讨论因此位移至对一种社会力量的组织方式和自由社会可接受的力量类型的分析。第二，自然力量的因素即使是在最自由的社会里也无法消除。我怀疑，罗蒂会主张将说服作为一个对付强奸犯的适当方法。罢工，或学生静坐，这些在自由社会里完全正当的行为，不仅通过说服，也通过迫使他们的对手臣服于暴力来设法达成他们的目标。
114 当然，也有许多中间的情况。

出于同样的原因，我倾向于以一种不同于罗蒂的方式来处理改革与革命之间的区别。在我看来，问题在于置换使这种区别成为可能的地带。因为经典的革命理想不仅涉及罗蒂所强调的暴力的维度，还涉及这种暴力必须指向的具体的目的，即为社会秩序提供一种新的基础的想法。现在，从这个角度来看我是改革派，不是因为我的社会目标受到了限制，而是因为我不相信社会存在这样的基础。毫无疑问，罗蒂在这一点上与我是一致的。甚至过去**曾经被称之为**革命的事件，也只是多重改革的多元决定，这些改革涵盖了社会的方方面面，但绝不是全部。把整个社会颠倒的想法没有任何意义。（这并不意味着，在进行这种不可能操作的尝试中，不会出现许多丑陋的事情。）但是如果说，一方面，我试图在改革中重置革命；另一方面，我极力赞同在改革中重新引入暴力的维度，那么一个不伴随暴力而发生改革的世界不是我想要生活的世界。它或许可以是一个绝对单一的社会，在其中百分之百的人们会赞同任何一项改革，或者是一个由社会工程师组成的大军在其他众人的支持下做出决策的社会。任何的改革都涉及改变现状，在大多数情况下，这会损害现有利益。改革的过程就是斗争的过程，而不是安静的零星工程。这里没有什么可遗憾的。正是在这种积极的斗争过程中，人类的能力，即新的语言游戏，被创造出来。例如，我们是否能够想象，如果工人们没有在工业社会的第一阶段参与积极斗争，他们的身份会是什么？当然，许多对于西方社会民主进程来说至关重要的工人的能力将不会得到发展。当然，任何其他社会力量也是如此。因此，这种与罗蒂的乌托邦相对立的激进民主“乌托邦”不排除对立和社会分裂，相反，会将它们看作社会的组成部分。

115 所以，在我看来，罗蒂的论点是基于某些两极分化的类型，如说服 / 力量，改革 / 暴力革命，这些不仅是简单化的，而且还是不一致的，因为好人的角色是以坏人的存在为前提的。在民主社会中，任何有关权力的理论，都必须是一种关于与民主相容的权力形式的理论，而不是关于权力的消除的理论。并且这不是统治形式的任何特定持久化的结果，而是源于罗蒂所深知的事实，即社会并不是一个拼图游戏，因此，它不可能避免不同的需求和语言游戏的相互碰撞。我们以美国最近有关色情的辩论为例，各种女权主义组织都认为，色情冒犯女性，我对此深表赞同，但其中一些组织甚至提出了一种法律上的诉求，即要求立法允许任何女性将色情材料或广告的发布者告上法庭。这引起了反对，我也同意，它将会造成一种恐吓的气氛，可能会影响表达的自由。例如，色情与艺术表达之间的界限该如何界定？

显然，必须在对抗性需求之间建立一种平衡。但是必须强调的是，这个平衡不是找到协调两种需求之间的那个点。在这种情况下，我们将回到拼图理论。不，在这种情况下，这两个需求之间的对抗无法消除，而且这种平衡包含了对两者影响的限制，以便达到一种社会平衡，它与理性的和谐截然不同。但是，在这种情况下，尽管对抗在社会中得到了调节和控制，但它还是会以所谓“立场之战”的形式存在。冲突的每一极都会拥有一定的力量，并对另一极施加某种暴力。这一结论自相矛盾的推论是，暴力和对抗的存在是自由社会的根本条件。原因是，对抗是由这样的事实导致的，即社会不是从预先给定的中心辐射出的多种效应，而是从许多起点一步步构建起来的。但是，也正是由于这一点，存在着冲突和不平衡的本体论可能性，我们才能谈论自由。让我们 116
设想一下，转向相反的假设，即包含在经典的解放观念中的假设，也就是暴力和对抗完全消失的社会。在这个社会中，我们只能享受对必然性的意识这种斯宾诺莎式的自由。这是自由共同体的第一个悖论：构成其不可能性的条件（暴力），同时也构成了其可能性的条件。特定形式的压迫可以消除，但是只有在实现全面自由的地平线不断后退的情况下，自由才真正存在。正如我在其他地方所说的，完全自由的社会和完全确定的社会是完全一样的。我认为，罗蒂之所以没有完全意识到这些自相矛盾之处，是因为他对“说服”概念所涉及的东西，以及他在“说服”与“力量”之间设立的完全对立没有进行充分的理论化。

三

说服本质上不是一个纯粹的观念，缺乏说服力量的人无法说服。人们可以谈论说服的力量，但人们永远不会说他被勾股定理的正确性“说服”。后者只是没有任何说服需要的**展现**，但是我们也不能把说服只是**化约**为力量。“说服”在德里达那里被称为“处女膜”地带。正是在这一点上，信仰的“根据”和信仰的“原因”构成了一个不可分割的整体。用库恩的术语来说，对一种新范式的采用就是一个很好的例子。许许多多小的根据 / 原因——从理论上的困难到科学研究工具上的技术进步——在决定从正常科学向革命性科学转变的过程中互相多元决定。而出于早前我已经说明的理由——这些理由也在库恩的叙述中以某种方式存在——这种转变不是一种无关紧要和毫不痛苦的放弃，而是涉及对其他可能性的抑制，这是斗争的结果。当我们指向政治思想领域的时候，这显然更清晰可见。现在，正如我和墨菲在《领导权与社会主义的策略》中所主张的，在我们的政治传统中，有一个名称指的是这
117 种被称为说服的特殊操作，它只能通过在其自身内部包含暴力对立而构成：这个名字就是“领导权”。

我们这本书涉及从俄国社会民主主义者到葛兰西的领导权概念谱系的所有方面，其结构特征及在激进民主计划中的理论链接形式。在这里，我只想强调一些与当前讨论有关的方面。最重要的是，在马克思主义发展史中，“领导权”是基础主义开始瓦解的话语地带。一直被呈现为内源性发展——这种发展是由生产力发展与现有生产关系之间的矛盾所决定的——的必然结果的东西，从列宁到葛兰西，逐步成为一个在开放集合中的偶然的政治链接过程的结果，这个集合中的元素有着纯粹的关系性身份。也就是说，历史（大写的历史）不是一个有效的话语对象，它不对应任何一个先验的统一对象。我们所拥有的只是领导权集团不连续的继承，这种继承不受任何理性可把握的逻辑的支配，既不是目的论

的，也不是辩证的或因果的。正如在戴维森的例子中，我要压制的欲望和我要压制它的决定之间的关系中，根本不存在内在联系。另外，这里在必然性和偶然性之间有一个重要的辩证法有待洞察。如果干预领导权集团的每一个元素都有自己的身份，那么它与其他所有要素之间的联系将只是偶然的；但是相反，如果所有元素的身份都偶然地取决于与其他要素的联系，身份要保持的话，那么联系将是绝对必要的。

现在，要讨论的问题是领导权运行的内在逻辑，它是说服过程的基础。为了解决这个问题，我们将分析被认为由当代理论中发生的转变所带来的各种手段。让我们以维特根斯的例子，即控制数列顺序的规则开始。我说“一、二、三、四”，并且请一个朋友继续说：自发的回答会是“五、六、七”，等等。但是我可以说我心里想到的数列不是这样的，而是“一、二、三、四、九、十、十一、十二”，等等。我的朋友认为他现在已经理解了并据此进 118
行，但我可以说，这个序列仍旧不是我脑海中所想的，诸如此类。控制序列的规则可以无限制地改变，正如刘易斯·卡罗尔（Lewis Carroll）说的那样，一切都取决于是谁在指挥。现在，我们稍微更改一下示例。我们假设谈到的是一个游戏，在游戏中，玩家 Λ 开始了一个序列，而玩家 B 必须以他想要的那种方式继续这个序列，只要存在某种明显的规则性。现在，当再次轮到 A 的时候，他必须发明一个新的规则，以 B 离开时留下的序列作为起点，以此类推。最后，输家是那个发现游戏如此复杂而不能想象出一个新的规则的人。从这个例子中，得出的推论如下：(a)没有终极规则之类的东西：它总是可以被颠覆的；(b)由于无限多的玩家可以加入这个游戏，控制序列的规则在本质上是受到威胁的，用罗蒂的话来说，是**彻底的偶然的**(*radically contingent*)；(c)该序列中每一个个体的身份都是完全关联的，它只是由当时控制序列的规则中的结构位置所赋予的，它会随着新的规则的形成而改变。我认为这很重要，因为说服的过程经常被描述为一些有信念A的人被授予信念B，并且建议是从一个转移到另一个。事情永远不会那样发生。相反，发生的是，新的元素进入画面而旧的规则无法再去领导权化它们，例如，好像我们的序列中引入一个明显混乱的数列，而挑战是要去找到一个连贯的规则，使其与这个新的情况相适应。这种新规则频繁地被接收，不是因为其自身很受欢迎，而仅仅是因为它是一个规则，因为它在一个明显的混乱中引入一致的、可理解的原则。20世纪20年代初，在意大利混乱的形势下，许多自由主义者接受法西斯主义，不是因为他们特别喜欢它，而是因为存在一个爆炸性的社会形势，这种社会形势在传统政治制度的框架内既无法想象，也难以管理，而法西斯主义似乎是出现的唯一可以处理新的混乱事件的连贯话语。如果自由主义想要——它并没有——作为一种链接新元素的替代性领导
119 权话语来呈现自身，那么它只能通过转变自身来实现。1905年的自由主义和1922年的自由主义之间只存在“家族相似”(family resemblances)。原因之一，是后者必须是反法西斯主义，这涉及

处理一系列新的问题，这些问题彻底改变了话语领域。这也是为什么我不同意罗蒂的主张：我们可以**只是**自由主义者；我们的“我们”已经达到了一个不需要任何进一步转变的地步。即使我们想继续成为自由主义者，我们也将是总被赋予更多东西的自由主义者。自由主义只能作为一种领导权尝试在链接过程中存在——作为所有身份彻底的关系性特征的结果。在这里，我认为罗蒂还不够历史主义。

从维特根斯坦到德里达，也是在这一点上，解构成为政治理论的中心。德里达已经展现了所有语境本质上的脆弱性，用他的话说：

> 在一个或大或小的单元中，每一个符号、语言或非语言的，口头的或书面的（在目前对立的意义上），可以被**引用**，放在引号之间；这样做可以打破每一个给定的语境，以绝对无限的方式产生一种新的语境。这并不意味着标记在语境之外是有效的，相反，只存在没有任何绝对锚定中心的语境。这种标记性，这种重复或复制，标记的这种可迭代性既不是意外也不是异常，没有它（正常/不正常），标记甚至不具有称为“正常”的功能。一个不能被引用的标志会是什么样的？或是谁的起源不会在路途中迷失？[12]

现在，如果不是所有的语境本质上都是脆弱的和开放的，如果不是选择了一种可能性而不是其他可能性纯粹是一种**偶然的**事实，那这说明了什么？如果选择不是由结构**决定**的，那么它归根结底是一种领导权操作，一种本质上的**政治**决定。

让我们带着这种区分，回到罗蒂的文本中。关于罗蒂的自由乌托邦，我所持反对意见的第一个方面是，罗蒂对公共与私人之间尖锐的区分。当然，我并不是想要回到涵盖这两者的“宏大理论”中去。我提出异议的原因，恰恰相反：罗蒂认为一些必然统一的事情，对我来说，在根本上是不连续的，它们只能通过偶然的
120 链接统一在一起。个人自我实现的领域真的是**私人**领域吗？如果这种自我实现在一种中立的媒介中发生，在这种媒介中，个体都可以无障碍地寻求自己目标的实现，那么就真的是私人领域。但是，这样的媒介当然是一个虚构的神话。一个寻求自我实现的女性，会在一些以男性为导向的规则的形式中发现障碍，这将限制她的个人愿望和可能性。倾向改变那些规则的女权主义斗争，将构成一个集体的“我们”，这个集体的“我们”**不同于**抽象公民的“我们”，但是，这些斗争所创造的空间——记住“个人的就是政治的”这个座右铭——不亚于政党干预和选举斗争的社区和公共空间。当然，对于任何因社会规范、偏见、法规等存在所导致的对个人自我实现的阻碍而开始的斗争，也可以这么说。我在公共空间的增殖中看到了民主社会的**力量**，以及在承认其多元性和自主性中看到了民主社会的**条件**。这种承认基于那些社会空间之间存在的本质上的**不连续性**，这些不连续性的本质特征使其反面成

为可能：它们之间的可以被称为某种全球性的共同体意识、某种民主共识的偶然的领导权链接。在这里，我们看到了共同体的第二个悖论：要在实用性上成为可能，这是根本无法实现的。那么，私人呢？这是一个残余的范畴，仅限于我们活动中的一些方面，在其中，我们的目标不受任何结构性社会障碍的干扰，它们的实现不需要任何斗争的共同体，任何“我们”的构成。因此，我们看到，这个问题的经典话语被取代：鉴于公共空间必须被构建以便实现个体目标，这不再是一个防止公共空间侵占私人空间的问题。但是，民主社会的条件是，这些公共空间必须是多元的：当然，一个民主社会与仅有一个公共空间的存在是不兼容的。我们应该拥有的是一个多重“公民共和主义”。

显然，我对民主社会的理解在核心方面与罗蒂的自由乌托邦不同。罗蒂的乌托邦，由一个局限于——对于所有好的自由主义者来说——最小功能的公共空间和每个个体在其中寻求自身目的的私人领域而组成。这个系统当然可以进行改革和改进，但给人 121
们的感觉是，这样的改进是通过设计一个更好的模式来优化一架机器的方式进行的，而不是斗争的结果。对抗和暴力既不发挥积极的作用，也不发挥消极的作用，只是因为它们完全从画面中缺席。对我来说，一个激进民主的社会是这样的一个社会：在其中，多个公共空间围绕具体的问题和需求构建，彼此完全自治，向其成员灌输一种公民意识，这种公民意识是他们作为个体的身份的一个核心部分。尽管这些空间是多元的，或者毋宁说正是因为这些空间是多元的，一种弥漫的民主文化被创造出来，赋予了共同体特别的身份。在这个共同体中，自由主义的机构，如议会、选举、分权得以保留，但这些是其中一个公共空间，而不是唯一的公共空间。不仅对抗没有被排除在民主社会之外，而且它还是民主社会制度建立的基本条件。

对于罗蒂来说，“资产阶级、自由、民主”这三个词构成了一个不可分割的整体；对我来说，它们之间只是一个偶然链接。作为一个社会主义者，我准备为自由制度的领导权而与资本主义做斗争，而作为自由制度的信徒，我准备尽我最大的努力，使它们与民主公共空间的整个领域相容。但是，我把这种兼容性看作一
122 个领导权构造，而不是从一开始就被准予的东西。

四

最后，我想谈谈对于罗蒂提出的论点的两个可能的反对意见（见上文），以及他对这些意见的答复。关于第一个反对意见，我认为罗蒂是完全正确的，我没有更多的补充。但是，对于第二个反对意见，我觉得罗蒂的答案是不必要的辩护，而且可以给出更好的论点。我会这样阐述。现在的问题是放弃普遍主义是否会破坏民主社会的基础。我的回答是肯定的，我接受全部论点。如果不存在各种形式的普遍主义，例如，人权观念，那么一个真正的民主社会是不可能的。但为了说明这一点，完全没有必要通过启

蒙运动的理性主义或哈贝马斯的“不受支配的交往”来应对。这足以承认，民主需要普遍主义，同时也断言普遍主义是语言游戏的词汇之一，这种语言游戏是由社会主体在某个时刻建构的，并且已经成为我们的价值和文化中越来越核心的部分。这是**偶然的**（*contingent*）历史产物。

我认为，对普遍主义的历史主义重铸比起形而上学版本来说，有两个主要的政治优势，这些优势远没有削弱它，反而有助于加强它，使它更彻底。首先是，它具有解放的作用：人类将越来越把自己看作他们世界里的唯一的主人。存在的历史性将变得越来越明显。如果人们认为是上帝或自然创造了现在的世界，那么他们就会倾向于认为命运是不可避免的。但是，如果他们所栖居的世界只是构成它的偶然性话语和词汇的结果，那么他们将会以较少的耐心忍受自己的命运，并将有更好的机会成为政治上的“拿手的诗人”（strong poets）。第二个优点是，对普遍主义价值的偶然性特征的认知，使我们更加意识到威胁它们的危险和它们灭绝 123
的可能性。如果我们恰巧相信这些价值观，那么意识到它们的历史性不会让我们更加漠视它们，相反，将会使我们成为更加有责任感的公民，更愿意参与为它们辩护。通过这种方式，历史主义帮助那些相信这些价值观的人。而对于那些不相信这些价值观的人，理性主义的论点永远不会产生丝毫影响。

这让我走向最后一点。这种双重效应——通过对人类自身能力更加自信的表达使人更加自由，通过存在的历史性的良知增强社会责任——是当代思想向我们开放的最重要的可能性，一个根本的政治可能性。西方的形而上学话语正在终结，哲学在其暮色中通过这个世纪中伟大的名字，为我们提供了最后的服务：解构自己的地带，为自己的不可能创造条件。例如，让我们想一想德里达的不可判定性。一旦不可判定性本身已经达成，一旦某一阵营的组织受到领导权的决定的支配——之所以是领导权的，是因为决定不是客观的确定的，是因为不同的决定也是可能的——那么哲学领域就将结束，政治领域就将开始。该领域将由另一种不同类型的话语来占据，诸如罗蒂的“叙事”这样的话语，该话语倾向基于彻底的不可判定性来建构这个世界。但我不太喜欢将政治性的“拿手的诗人”称为“反讽主义者”，这个名字唤起了各种俏皮的形象。相反，我认为，在面对奥斯维辛时，如果一个人有道德力量来承认自己的信仰的偶然性，而不是在宗教或理性神话中寻求庇护，那么他就是一个深刻的英雄和悲剧人物。这将是一个新类型的英雄，我们的文化还没有完全将其创造出来，但是如果我们的时代要实现其最激进和令人振奋的可能性，他的创造是绝对必要的。

注释

124 [1] Ernesto Laclau and Chantal Mouffe, *Hegemony and Socialist Strategy: Towards a Radical Democratic Politics*, London, Verso

1985.

[2]Richard Rorty, *Contingency, Irony and Solidarity*, Cambridge, Cambridge University Press 1989, p. xv.

[3]Ibid., p. 9.

[4]Ibid., p. 29.

[5]Ibid., p. 30.

[6]Ibid., p. 35.

[7]Ibid., p. 46.

[8]Ibid.

[9]Ibid., pp. 51–52.

[10]Ibid., pp. 60–61.

[11]Ibid., p. 94.

[12]Jacques Derrida. 'Signature Event Context', in *Limited Inc.*, Evanston, Northwestern University Press 1988, p. 12.

索引

（索引中的页码为原书页码，即中文版页边码）